社会科学系論文の書き方

明石芳彦 著

ミネルヴァ書房

はじめに

　私は本書を，これから論文を書く人，初めて論文を書く人を念頭において，論文作成や研究と呼ばれる活動で，本当に大事なことは何かを意識して書きました。対象としたのは，社会科学系領域の学生さんです。とりわけ本書では経済や経営（商学を含む）の領域を主な対象とみなしています。

　本書は，大阪市立大学の社会人大学院で2008～2017年度の10年間に私を含めて数人の教員が経済・経営系の修士論文や調査型論文（リサーチペーパー）の書き方・考え方を講義したノートを基にしています（講義名「研究方法論」）。そのときの受講生は研究指向というより実務能力向上を主眼としており，論文を書いた経験のある人は少なかったので，関係する用語を1つひとつ確認しながら，多くの質問にその場で答えていく講義形式でした。知識を多く並べるよりも，考えることの大切さや考える方法（考え方）を強調した講義でしたが，講義を聴講する学生さんから，「先生の講義中はわかった気持ちとなるが，自宅で配付資料を見ると十分に理解できない点が出てくる」，「内容をまとめて通読できる著書があれば」と時々，言われてきました。

　講義を10年間継続して担当したのは私だけだったこともあり，私の講義経験をもとに，初めて論文を書く人を念頭におき，本書を書いてみました。他の先生方が担当した部分（先行研究レビュー

の方法，統計分析，面談調査方法など）についても，本書では私の見解だけをもとにして書かれています。本書の内容の適否はすべて私に責任があることは言うまでもありません。

さて，プレゼンテーションソフトを使った講義ノートの内容を，文章としてつないでいく過程では，講義内容の表現の仕方にしばしば苦しみ，たまには話の矛盾を発見するなど，冷や汗が出ることもありました。講義ではスライド投影内容に即して口頭での説明を補っていましたが，文章にしたものを読むと，十分な説明ができていないと気づく日々でした。

本書では，講義を受ける人または本書を読む人が質問をしたくなる事柄も予想して，とくに，論文を初めて書くであろう読者の視点に立った説明を心がけたつもりですが，それがどれほど実現しているかは，読者の皆様のご判断をまつしかありません。本書の内容でお気づきの点があれば，ご指摘や忌憚のないご意見をいただければ，幸いです。

［追記］論文作成のプロセスや日程案の概略については，40，46ページを参照してください。また，論文作成やポイント絞り込みのきっかけを作るよう，ほぼ各章末に「練習問題」があります。さらに，論文作成プロセスで生じる現実のちょっとした疑問や悩みについて 19 のコラムで助言しています。ご活用ください

社会科学系論文の書き方

目　次

はじめに

第Ⅰ部　研究（論文を書くこと）の基本的知識

第1章　研究とは何だろうか？ ……………………………… 3
──テーマの決め方──

1　研究を始めるにあたって　3

2　研究テーマの決定　5

3　研究の目的と学術的意義　9

4　問題意識・研究関心　11

第2章　先行研究を読み込もう ……………………………… 12
──情報の集め方と整理のプロセス──

1　論文作成に関わる先行研究と文献情報　13

2　先行研究と文献情報の把握　14

3　文献レビュー（先行研究レビュー）　20

4　文献情報による実態の把握　28

5　理論と分析枠組　31

6　実証研究と理論的背景　34

7　研究テーマの（再）設定　40

8　論文作成までの流れと日程　45

第3章　研究上の問いを提示しよう ………………………… 48
──リサーチ・クエスチョンの検討──

1　先行研究を批判的に読む　48

2　仮説検証型研究　48

3　探索的研究（仮説構築型研究）　53

4　論文作成上の留意点　55

第4章　エビデンスを提示しよう……………………………62
——証拠のない見解に説得力はない——

　　1　証拠となる資料・事実，データ分析結果　62

　　2　裏付けとなる資料・データとは　64

　　3　データ・資料・情報の性格　65

　　4　「事実の紹介」とエビデンス　67

第5章　自分の考えの正しさを確かめる方法（1）…70
——定量的分析——

　　1　実証分析の手順と記述統計分析　71

　　2　相関関係と因果関係　86

　　3　検定と統計分析手法　90

　　4　実態把握に力点を置く研究　100

第6章　自分の考えの正しさを確かめる方法（2）…103
——定性的分析——

　　1　非数値・数量型の資料・情報による分析　103

　　2　事例研究　104

　　3　現地訪問調査　111

　　4　アンケート調査研究　113

　　5　面談・聞き取り（ヒアリング）調査　116

第Ⅱ部　研究内容の論理的説明と論文作成上のルール

第7章　論文執筆時のルール………………………………123
——社会科学研究上の作法——

1　論文題名と論文要旨・目次　123

2　論文の構成と書式　126

3　論文のレイアウトと文体　133

4　出所・引用・転載の基本　136

5　注と図・表の表記法　138

6　参考文献の表記法　142

第8章　論文構成の練り直し……………………………152
——論理的思考を大切に——

1　論理的説明と論理的思考　152

2　論文構成の練り直し　157

3　研究の目的と明らかにできたことを再確認する　158

4　考える力　162

第9章　研究成果をどう表現するか………………………165
——目的と成果の関係を意識しよう——

1　研究を通じて明らかにしたこと　165

2　研究成果のまとめ方　167

3　表現方法と説得力　169

4　研究内容の説得力と独自性　172

目　次

第10章　研究成果を自己点検しよう……………………175
——論文評価のポイント——
1　論文評価の対象と基準　175
2　目的達成度と説得力　177
3　自己点検　180
4　理解しやすい文章　182
5　研究発表時のコメント活用　183

第11章　研究に近道なし………………………………187
——本書全体のまとめ——
1　課題の絞り込みから検証まで　187
2　論理展開——論文の道筋を作る　191
3　表現力とまとめ能力　192
4　集中力と持続力を高める　194

推薦図書　195

おわりに　197
索　　引　199

コラム
1　学術論文と随筆との違い　24
2　報告書は論文ではない　25
3　学習・調査と研究の違い　25
4　「なぜ」の問いかけが，論文作成では，きわめて重要　26
5　実態に即した実証分析と理論に忠実な実証分析　39

vii

6 「推奨的」研究日程案——〈1月15日を提出締め切りとした例示〉 40

7 「今，すべきこと」は何か 43

8 研究メモの整理 47

9 「発注業務は，来店顧客の購買行動に関する仮説形成」 54

10 論文形態の比較 55

11 実態の変化や違いを明確に示す表現 84

12 加工データの表示方法と解釈 85

13 その他の統計分析手法 97

14 演繹法と帰納法 101

15 「何が，なぜ」の視点から考えるとき 117

16 積極的発表と，他人の意見 118

17 アイデアの「メモ書き」 170

18 予想される結論を時折，考えてみる 193

19 人の意見を聞く，人の助言に感謝する 193

第Ⅰ部
研究（論文を書くこと）の基本的知識

　第Ⅰ部では，論文を書くこと（研究を行うこと）の基本的事項を学びます。たとえば，自分が何を明らかにしたいかをはっきりと示し，研究の目的と結論を明記します。思いつきの論理や説明とならないために，先行研究（既存文献）を読み，すでに明らかとなっていることを知り，既存の知識と自分の疑問や着想とを対比し，比較検討します。そして，自分の意見や考え方を論理的に説明し，自分の意見や考え方の正しさや妥当性を必要に応じてエビデンスで裏付けていきます。そして，分析や考察を通じて明らかになったことを結論として述べていくプロセスの基本を学びます。

第1章

研究とは何だろうか？

——テーマの決め方——

1　研究を始めるにあたって

（1）研究と提出期限付きの論文作成

　研究とは，学術的観点から見て未解決の課題を解明し，新たにわかった内容を示すことです。大学での実情を考慮して言えば，研究上の独自性（または独自の着眼点）を有すると指導教員が認めた課題に，学生が取り組み解明した内容を文書形式で表わすことです。なお，教育課程にいる学生の皆さんと研究職業人に当てはめる基準は必ずしも同一でないことも知っておいてください。

　本書で説明の対象と想定している研究領域は，基本的に，経済学・経営学など社会科学の領域です。研究テーマにもよりますが，研究方法が大なり小なり違うので，心理学，教育学，行政学，社会学の領域については，それらの領域を対象とする論文作成の仕方を概説した文献も参照してください。なお，学生が書く論文は，一般に，提出期限が付いた論文です。つまり，限られた期間内に１つのテーマについて研究した成果を文書化することです。それはライフワーク（生涯をかけて書き上げる研究成果または自分の研究

第Ⅰ部　研究（論文を書くこと）の基本的知識

成果の集大成論文）ではないので，その点も留意してください。

（2）研究の出発点

　研究には，自らの問題意識・研究関心というモチベーションに関わる要素と，研究テーマに関わる先行研究の状況を踏まえた課題認識を共有する側面とがあります。研究を行うには，テーマを解明していくための専門用語を含む知識（専門知識），分析手法，分析結果をまとめる能力を必要とします。

　（仮としてでも）研究テーマが決まると，それに関係する先行研究の文献をレビュー（読み込みや点検）して，テーマに関連する知識（「既知の認識」）を得ていきます。それと同時に，既知の認識と自分の理解や関心にズレ（乖離）または違和感があると感じた場合，そのズレの原因は何かを考えてみます。既存文献を読み進めて，自分の疑問に対する答えや，自分が予想していた見解と同じかそれ以上の説明の仕方が見つかったとき，それは自分の知識が拡充したという意味で，自分が学習した過程だったと考えなければなりません。

　一方，自分の研究テーマや関心事に沿った内容を説明した文献を最終的に見出すことができなかった場合，研究論文テーマを決めるという観点から言えば，そのテーマを自分が新たに探究することは有望となります。それが研究の出発となるのです。こうして，「既知の認識」を持たなければ，何が既知で何が未知かもわからないのです。何が既知で，何が未知かを知るためにも，一定の文献レビューが必要です。また，何かを明らかにする気持ちが強くなければ，こうした作業は持続しません。つまり，研究には，

問題意識・好奇心と探究心と持続力（いくばくかの忍耐）が大事となります。

　人は，日常の関心や実用的必要に基づいて情報収集し，知識を獲得しています。多くの人は必要な用語の意味や専門知識を調べるとき，その都度に必要な内容だけを調べるでしょう。一方，研究または論文作成は，「既知の認識」や専門用語を調べる（学習する）こととそれを使いこなすことから始まります。知識の断片的な獲得だけでなく，専門用語間の関係とその背後にある理論的考え方など，知識の系統的・体系的な理解と，それらを必要に応じて適切に使って文章表現できること（活用法の修得）が論文を書く上では重要となります。

　論文を書くためには一定程度の専門知識が必要ですが，知識の獲得は手段であり，目的ではない点を忘れないでください。

2　研究テーマの決定

（1）まずは調べよう

　研究テーマを決める際には，事実・実態や既存文献を徹底的に調べ，何が未解決かを探り当てることが大事です。そのために，まずは，先行研究レビューを通じて関心事への理解を深めることが望まれます。先行研究（既存文献）を読むことやその他の方法を通じて，テーマに関連する（制度，技術，関係者や関係者間の関係，歴史展開などの）情報を収集し，研究テーマや研究対象に関わる固有の知識を獲得していきます。調べた内容を整理し，自分の知識の漏れを埋めていきます。知らないことが明らかになってくる

第Ⅰ部　研究（論文を書くこと）の基本的知識

ので，学習のおもしろさも感じると思います。わかったことを一覧的に整理しつつ，中心となる事柄は何かと考えてみます。

　このとき，皆さんが当初，疑問に思ったことのいくぶんかはすでに既存文献に記述されていると気付くかもしれません。一方，研究テーマや関心事に関わる先行研究を読んでいると，書かれている事柄の一部に対して自分が納得できないこともあるでしょう。あるいは，自分が当初抱いた研究関心や問題意識にこだわりつつも，自分の関心事と既存文献による説明とのズレを埋めることは本当に意味があるかと問い直すことにもなるでしょう。また，自分が知りたいこと（研究テーマに関する一般的な疑問を解消するために明らかにしたいこと）が既存文献に書かれていない。文献が見つからないのではなく，書かれていない。さらに，研究文献や情報が少ないときは，新しい事象や特殊な関心事であるがゆえに既存文献や関連資料が手に入らないのか，それとも，そのテーマは，自分が考えていたほど学術的テーマではないために，誰も研究していないのかなど，研究文献が少ない理由を考えてみる必要もあります。いずれにしても，自分が何を明らかにしたいか，または，何を明らかにすべきかを何度か検討しなければならないでしょう。

　繰り返して言えば，自分が興味を持ったことがすべて研究テーマとなるわけではありません。それが初級の概説書に書かれていることよりも少し詳しい内容を知りたいという次元だと，中級以上の概説書に書かれていることを知ることで満足するし，論文を書くまでもなくすでにわかっていることになってしまいます。自分が興味を持った理由や背景は何でしょうか。知りたいという自分の知識欲だけでしょうか。または，目の前にある問題を解明・

6

第1章 研究とは何だろうか?

解決し，状況や実態をよくしたい。そうした方策や政策を提言したいことでしょうか。

たとえば，地域活性化などに関わるテーマを取り上げる際，実態や状況の改善のために「少しでも良いことをする」という思い入れや政策・対策提言志向が強すぎると，原因・要因分析やそれに関する理論的検討が不十分なまま，事例を取り上げ，そこでの実態や状況に対して直接に（思いつくままに）改善策や政策的意見を述べることになるかもしれません。目の前の実態や状況の改善策を列挙することは実践的には前向きな姿勢でしょうが，実態や状況を引き起こした原因や要因を理論的に検討するプロセスを欠いていると，それは研究や論文とは異なる次元での意見表明や対応となります。論文作成では，論理的検討を踏まえて結論を出す一連の手順を踏むことが求められています。つまり，その基準は，自分が単に興味を持ったことだけでなく，他の人，とくに学術的な関心を持った人にも興味深いことでなければなりません。こうして，研究テーマは，従来必ずしも明らかにされておらず，具体的な解明や説明がなかった点などに関わると思います。

他方で，興味深い事例，実態，事象を発見すると，知的好奇心が高まることがあります。それはなぜでしょうか。ある意味で特殊な成功事例，教科書の説明に合致する（しない）典型的な事例，今までに聞いたことがない事例などを発見すると，「なぜ，そうなのか」「理論的に新しい概念や新しい説明が必要ではないか」という関心を呼ぶかもしれません。既存理論・概念での空白状態を埋めるような事例や事象と思われる場合，「○○を説明する上で興味深い事実」，または「従来の△△と異なる点で興味深い事

7

第Ⅰ部 研究（論文を書くこと）の基本的知識

柄」などと述べることを心がけるとよいでしょう。

（2）「流行のテーマ」の落し穴

ところで，「流行」の事象や「過度に新しい」話題など，通説と異なる事実やその時々の時流に関わる事柄は関心を引く側面もありますが，ある一時点だけの「特異な」文献しか手に入らない場合も多く，論文を書く上で，実質的に使える資料は限定されているかもしれません。また，研究対象とした事象の全体像を把握しにくい場合，とくに初学者にとっては，学術的に的確に扱うことは容易ではありません。一過性の話ではないと感じたとしても，適切に分析し，うまく表現できなければ，将来的予想や推測という性格が強くなり，論文として構成することは難しいこともあるでしょう。

（3）論文執筆の狙いと実現見通し

結局，論文として記述していくためのストーリーの全体をいかに組み立てれば，論文の構成や論理展開がわかりやすく，説得力が高まるのでしょうか。どの側面，どの部分をいかなる論理やデータを通じて説明すればよいでしょうか。最終的に明らかにしたいことは何であり，論文で到達する（論点を解明する）目標をどの当たりに設定するかを考えていきます。提出時期が決まっている論文の場合には，論文内容だけでなく，日程も考慮に入れる必要があります。一般論として言えば，研究テーマに関わる理論的概念や専門用語と結び付けてテーマの本質は何かと考えることや，制度・政策の課題や限界，実態に関わる問題点を見つけることが

8

論文作成に向けた 1 つの手がかりになると思います。

3　研究の目的と学術的意義

　自分が書く論文の冒頭において，研究の目的と学術的意義を明確に示すことが重要です。

（1）研究の目的

　論文とは，特定の研究テーマや関心事に関わる論点を踏まえて，筆者が研究した成果・内容を記述することです。焦点を定めず自由に記述すると，何を目的とした論述かが読み手に不明となります。執筆者は対象を限定して書いているつもりであっても，たとえば，「日本経済の現状を論じる」「日本企業の課題を考える」などでは対象が広すぎます。論文を読む人に対して，筆者が何を対象に何を論じ，何を明らかにしたいのか，つまりは，筆者が論じるテーマや事項，対象，その狙い（明らかにしたいこと）を最初に研究の目的として述べておくことが重要となります。研究目的を明示することは，論点の明確化となり，読み手の理解を促します。さらに，論文を書く人にとっても，研究の対象や範囲を自覚する役割を持つでしょう。

　まずは，研究の目的，内容，対象を明確に示す必要があります。研究目的に関する説明文は数行でよいですが，研究を通じて何を明らかにしたいかを明示することが望まれます。自分が認識した事柄や考え，および理解した内容を整理して，読み手に的確に伝える点で，その説明文は長すぎない方がよいでしょう。それは長

9

第Ⅰ部 研究（論文を書くこと）の基本的知識

くても6〜8行までだと思います。なお，（問題意識・研究関心などを含む）研究の背景や研究するに至った経緯は，研究目的そのものではないので，研究の目的とその背景等を区分して示すと，読み手にとってわかりやすくなります。

（2）研究の学術的意義

さて，研究の目的は妥当だとしても，そのテーマについて自分が書く（研究する）内容は，既存文献（著者や論文）で明らかになっていることと比べて，どの点が新しいのでしょうか。従来とは違う視点・着眼点，理論や研究方法・分析方法，使用した資料やデータなどの学問的な新しさを欠くと，独自な研究成果と見なすことはできません。論文に書く内容が，そのテーマについて学術的関心をもつ人に対し新たな知見を提供することが研究の大前提と言えます。

こうして，先行研究の文献で未解決の課題を研究することの学術的意義を明確に示します。ここで，学術的意義とは，研究の対象やテーマについて解決・解明を要する課題であり，その理解度や知識を更新することは評価に値すると，学術界において一定程度以上認識ないし同意されていることを指します。学生が書く論文の学術的な意義については，指導教員の考え方に従う側面も大きいので，指導教員と話し合うことが望ましいでしょう。なお，実務に関わる問題の解決や「役立つ」という要素は，実務的有用性を持ちますが，実務的有用性や「役立つ」要素があるだけでは研究に学術的意義があると言うことはできません。

4 問題意識・研究関心

　研究関心，問題意識，研究の動機は，必要に応じて，自由に書けばよいですが，時事評論のようにならないことが大事です（時流や時事をもっぱら主観に基づき評論することは研究ではないし，論文作成においては有害無益です）。また，「問題の所在」として現状や実態の特徴を示し問題提起する方法もありますが，「既知の認識」（先行研究）に言及せず，論文を読む人が学術的意義を理解できない問題提起は，個人的心情や信条しか述べていないという意味で「随筆」「評論」になりかねませんので注意が必要です。なお，「問題意識・研究関心」という項目を書き示す必要がなければ，それを省略することも可能です。分量が少ないときは，上の「研究の目的と学術的意義」の中に「問題意識・研究関心」を簡潔に示してもよいでしょう。

（練習問題）

　現時点で考えられる研究テーマをいくつか，書き出してみましょう。また，そのテーマを研究することの自分なりの目的や学術的意義を書いてみましょう。

　（この段階では，研究のイメージを具体的に考えるきっかけとなればよいと思います）。

第**2**章

先行研究を読み込もう

——情報の集め方と整理のプロセス——

　仮の研究テーマが決まると，（一定数以上の）先行研究または既存文献の内容を読んでいきます。既存文献の読み込みや研究内容の点検を「先行研究レビュー」と言います。先行研究レビューを進める過程で，自分のテーマに関わる専門用語の定義，「既知の認識」の内容等を簡潔に書き出していきます。先行研究結果の最終的な結論だけでなく，分析手順の概要を手短に要約し，それに対する自分の意見をそのつど述べておくと，後から内容を振り返るときに役立つと思います。

　なお，形式的な側面について厳格な言い方をすれば，先行研究レビュー（既存文献の概要と内容上の限界を説明・記述した部分）がないと，「論文」と呼べないかもしれません。

　先行研究レビューに際しては，それに先立ち，自分の研究テーマにとり，いかなる文献が重要であるかを考え，読むべき文献の情報を集める必要があります。文献情報を集める方法には，大学図書館の文献情報検索システムを使ってキーワード検索する方法，一部の既存文献をみてその参考文献欄に挙げられている文献をたどっていく方法，そうした手がかりもなく，関連しそうな文献の

第**2**章　先行研究を読み込もう

内容を手当たりしだいに点検していく方法など，いくつかあります（後の2節で説明しています）。

1　論文作成に関わる先行研究と文献情報

　論文作成に関わる文献とは，主に学術専門著書・論文，資料等を指します。ここでいう資料とは白書，統計書，報告書，概説書であり，新聞・雑誌の記事のほとんどは資料です（新聞等への投稿論文の一部や署名記事は論文と見なされます）。また，インターネットで得た情報も，PDF形式の論文を除くと，その大半は資料です。なお，ビジネス書は学術的目的で書かれていないので厳密に言えば大半は資料と言うべきでしょう（参考文献の類型については7章6節を参照）。

　学術文献での執筆目的や記述内容（および表現形式）は，著書と論文において異なる側面があります。著書の場合，大まかに言えば，特定テーマに関わる事柄を系統的または網羅的に（各論併記で）説明・検討している形式の著書と，特定テーマを取り上げ，そのテーマを中心として，それに関わる内容を細部まで詳しく検討している形式の著書があります。著書の概説部分では，一般に，取りあげるテーマについての基本的な見解や基本概念が説明されていると思います。教科書や概説目的の性格が強い著書では，広範囲なテーマを包括的に扱い，それぞれの事柄について手短に説明していることが多いでしょう。学生が論文を書く時に，こうした著書の形式を安易に模倣すると，論文が（論点を広く浅く説明する）教科書的な構成となるので，気を付けた方がよいでしょう。

13

第 I 部　研究（論文を書くこと）の基本的知識

　他方，（大学紀要でなく，学会専門雑誌の）専門論文では，特定テーマや少数の限定的テーマについて，理論モデルを基本とする論文，統計手法を活用する（仮説・検証型）論文，事例研究を通して検討した論文の形式が多いと気付くでしょう。また，学術的な専門論文では，執筆者が先行研究レビューをしたあと，その論文に固有の研究テーマを設定し，研究した内容が書かれている形式が多いと思います（ただし，研究領域や学会の種類，または執筆者の考え方により，見た目の論文表現形式はさまざまな違いがあるかもしれません）。

2　先行研究と文献情報の把握

（1）文献情報の検索

　まずは，自分の研究テーマに関わるキーワード（専門用語）に着目して，先行研究文献・資料から，そのテーマを扱っている文献情報を集めます。その際，学生は大学図書館の文献情報検索システムを使うことができるので，このサービスを利用して検索します。大学図書館の学術文献情報検索システムには，著書に関するOPAC（オパック），論文に関するCiNii（サイニー），Web-cat-Plus，外国文献に関わるEBSCOhostなどが整備されています。これらを活用して検索能力を高めることが望まれます。

　学術文献情報の収集方法を要約すると，次のようになります。

①著書名での検索

大学図書館の（書籍）文献情報検索システムのOPAC（オパッ

14

ク）を使い，著書に関する文献情報を検索します。大学図書館同士での借用や複写等ができる場合もありますから，必要であれば，他大学の情報も点検してみます。

②論文名での検索

大学図書館の（論文）文献情報検索システムの CiNii（サイニー）を使い，論文に関する文献情報を検索します。検索した後，現物（電子メディア上での論文や印刷された論文）を見ながら，自分の研究テーマに応じて，その文献情報を取捨選択していきます。

③特定データベースでの検索

テーマによれば，新聞や特定テーマのデータベースも検索してみます。この作業には時間を要するので，とりあえず半日か1日をかけて，徹底的に検索します。

検索の結果，自分が選んだ研究テーマとそれに関連するより広いテーマとの関係を見極めながら，研究内容の「全体像」を知り，特定テーマ・事項とそれに関わる全体像の理論的見解の中において，自分の関心事または研究テーマがどのように位置付けられているかを知ることも大事です。このような作業を通じて，自分が知らなかった領域や概念があることを発見することもできるでしょう。それは学習する喜びの一部でもあります。

一方，スマートフォンやインターネットでの Web 検索は，用語・事項の内容確認・点検など広範囲の情報収集にとても有用です。しかし，その利用目的は，政府機関などの Web サイトから入手できる統計や各種政策関連情報，企業の広報資料，その他，

第Ⅰ部　研究（論文を書くこと）の基本的知識

他者や組織が公表している論文等の情報を除くと，用語や事項の意味をとりあえず確認することが中心となるかもしれません。テーマによれば，PDF 形式の論文や資料等が見つかるでしょうが，Web 情報からだけでは系統的に入手できていないと理解すべきです。Web 検索だけで情報収集が十分とか終わったと考えてはいけません。仮に，事項やテーマに関わる比較的に長い解説文や事実・実態情報を見つけて有益だと感じたとしても，専門用語や事項の解説が中心である限り，それは論文作成に必要な学術関連情報のごく一部であると考えてください。

　また，Web サイトからの情報は「加工」された断片的情報が多いので，それをそのまま使うにはさまざまな留意が必要です。いずれにしても，論文作成上の情報収集の点で，インターネットを通じた情報収集には限界があると思います。

　④大学以外の組織や機関が提供している情報の検索

　上で説明したことと重複もありますが，大学以外にも，国・公立図書館，政府系研究機関（ジェトロなど），業界団体（自動車工業会など）のライブラリー・資料室等の文献情報サービスを利用する方法もありえます。また，大型書店の店頭で関連書（書籍の現物）を見ることも 1 つの手です。大型書店は，大学図書館と比べて限られたスペースに「定番の」本や「新しい」本が分野別に，大学とは違った基準で配架されているので，情報の「発見」もあります。

　このようにして入手した文献を読むうちに，テーマの全体像に関わる知識や情報，個別事項や用語・分類に関わる情報，または，

16

最終的に自分の論文作成に「使える情報」「使えない情報」など
を次第に判別できるようになると思います。

（2）キーワード検索と現物を見ての選別

今，どうなっているのか。何が起こっているのか。これまで，
どうであったのか。これらの関心事について，もっと知りたい。
関心事に応じた理論・概念や統計資料を探すことや見つけた文献
にざっと目を通すことから，研究が具体的に始まります。

「調べる」プロセスとして，まずは，自分の研究テーマや関心
を持った事柄に関わるキーワードをもとに，文献を検索してみま
す。自分のテーマに関係しそうな文献を数冊は探してみましょう。
そして，見つかった数冊の文献を実際に手にとってその内容を確
かめます。文献全体を読む前に，文献の目次や本文の章ごとの題
名，見出しの題名，ときには参考文献欄の内容などを見て，自分
が本当に調べたいことをその文献で得られそうか，課題解決の糸
口となりそうかを確かめます。自分が気付いてなかった重要そう
なキーワードが新たに見つかったならば，そのキーワードで再度，
文献情報を検索してみます。

次に，それらの文献を少しだけ読んでみます。文献を読んで，
自分の考えに近いことや，気に入ったことや，いいことを書いて
いると思ったならば，ページ数とともに，その内容をメモしてお
きます。自分の関心事と関係する事柄・内容が書かれていれば，
要点を書き出していきます。このプロセスを繰り返します。

また，興味深い考えを見つけたとき，それは，その文献の執筆
者の意見か，別の誰かの考え方を紹介した内容かを点検（確認）

第Ⅰ部　研究（論文を書くこと）の基本的知識

することが望まれます。重要な意見や多くの意見が執筆者とは別の誰かの考え方であれば，その元となった文献を読まなければならないでしょう。その考え方を最初に（または，実質的に）主張している人を知り，その人が書いた内容やその人の表現方法や用語などを確かめておく必要があります。その意味で，「原典」を読むことが本来は望まれています。

　一方，書かれている専門的な内容をすぐに理解できなければ，関係する概説書を読む方法もあるでしょう。ただし，概説書を書いた人によって説明している内容，評価，強調点が違うかもしれないので，同じテーマに関して複数冊の概説書を読むことを薦めます。さらに，原典や重要文献が外国語文献ならば，原文に挑戦してみることもよいでしょう。翻訳書があっても，全文が翻訳されてない場合や，翻訳の表現や細部の内容が原文とは異なる場合も多いので（意訳と呼ばれます），重要部分の表現だけでも，原文と照合してみることが望まれます。

　当面，ともかく実態を調べてみたいとき，まずは，もっとも中心的と思われる実態をイメージして，それに関係しそうなキーワードを通じて文献や資料を探します。同じキーワードに関しても，著者や著書により理解の仕方が異なるので，共通に取り上げられ，書かれている事柄をバランスよく把握する上で，著書ならば3〜4冊，論文や資料ならば5〜7編程度を最低でも見ることが適切でしょう。文献が見つかると，その内容にざっと目を通します。自分の関心にあうことを確かめ，研究テーマに関係しそうなデータや資料の内容を知り，わかったこととさらに詳しく調べていくべきことを書き出してみます。または，自分の関心とのずれを感

第**2**章　先行研究を読み込もう

じたならば，ずれや違和感に関わる用語や内容・項目を書き出し，関連する対象を広げて調べてみます。入手した文献に特定の対象についての資料・データや概括的な内容しか示されてないならば，もう少し詳しい資料や全体像を示した文献も探してみます。特定の一時点，または古い時期のデータしか見つからないならば，別の時点や新しい時期のデータも調べてみます。

　ところで，本（図書）は，現物を手にして全体を通覧できます。図書館の書架の前に立ち，検索でヒットした図書だけでなく，（同じ分類領域に関わる書籍が並んでいるので）その本が配架された位置の近隣・周辺やその棚の全体もざっと眺めてみて，興味深い題名の本があれば，手にとって内容に少しだけ目を通してみましょう。うれしい「偶然の出会い」も予想外に多くあるかもしれません。書名から検索しただけではわからなかった情報に出会うこともあると思います。文献情報システム検索の結果とその場での立ち読みの効用とは違うのです。

　なお，文献や資料を入手することや，入手した文献や資料を内容に応じて判別し，有用と思った情報を整理していくことは重要ですが，それは目的でなく，分析のための手段であると考えてください。ゴールではなく，プロセスです。また，資料や文献の内容を理解し，わかった（知った）だけで，実態や現状が必然的に生じたと早合点してはいけません。なぜ，そのようになったかというプロセスや因果関係などを考えること，つまり，「なぜ」の視点を持つことが研究する上でもっとも重要です。

第Ⅰ部　研究（論文を書くこと）の基本的知識

3　文献レビュー（先行研究レビュー）

　文献レビューは，既存文献（先行研究）を読み込み，既存の研究結果の内容を調べる（点検する）もっとも基本的な作業です。初学者や当該領域に明るくない人は，先行研究レビューを通じて，自分の研究テーマに関連する理論・学説や必要な概念の定義・用語法ならびに既に明らかにされている実態，関連する制度・仕組み，政策など「既知の認識」「周知の事実」，研究のスタイルと方法などを系統的に把握することができるでしょう。

（1）先行研究の内容を点検していく

　自分が関心を持った研究テーマについて，先行研究（既存文献）で，何がどこまで明らかにされていて，何が明らかにされていないかを確かめていきます。作業としては，主要な先行研究を読み，1つひとつの文献に書かれている内容を簡潔に書き出していきます。先行研究で明らかにされた事柄を把握すると同時に，自分の関心からみて，なお未整理・未解決な課題（明らかになってない点）を慎重に整理していきます。

　言い換えると，先行研究の文献を読んでみて，「どこか違うなあ」「何かが不十分ではないか」という自然に生じる疑問から，研究は出発します。自分の印象を大切にし，何が，そうした印象をもたらす原因を考えてみます。たとえば，研究テーマに関わる数値（データ）を調べてみます。そうしたデータを更新すれば，自分が納得できるかどうかなど，さまざまに考えてみます。自分

20

第2章 先行研究を読み込もう

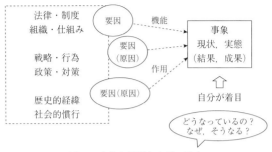

図1　自然な疑問と実態の見方

の知識が不足していることに由来する疑問は学習することで解消すると思います。

　先行研究の内容や特徴を1つひとつ確認していく点で，文献レビューには時間とエネルギーを要します。文献レビューの過程においては，知識の整理とともに自分が抱いた自然な疑問を「既知の認識」と関係づけてみます。自分自身の問題意識や研究関心に基づいて，既存研究や通説の説明で納得できない点や，さらに検討を要する課題や不明点を書き出していきます。また，それらの不明点や疑問点が，自分の学習不足のせいか，本当に未解決かを1つひとつ考えていきます。

　現状や実態に関する問題を解明する上では，要因と結果の関係を分析し，問題をどのレベルで分析していくかを考えてみます（図1）。現状や実態をもたらした原因・要因や作用（メカニズム）は何であり，そのとき制度や政策はいかに関わっている（いない）か，組織による違いはどの点かなどを考えてみます。あるいは，組織の事業方針や資源投入などの活動・行動はいかに機能し，そ

第Ⅰ部　研究（論文を書くこと）の基本的知識

の過程で何が観察されているか。良好な成果がもたらされるのは，計画や事業としての取り組みがよかったせいか，同じ戦略や計画であっても，その計画を遂行する能力の違いのせいかなどを考えていきます。逆に，劣悪または不利な状況が改善されないのはなぜかを考えてみます。必要を感じたならば，関連する法律・制度・政策や仕組み（構造）がそもそも，どうなっているか，それら政策・戦略の目的や実際の機能や作用を知り，また，法制度や仕組みとその結果や効果との関係を考えてみます。

　いずれにしても，関心を持ったテーマや実態に関する疑問や問題点について，先行研究文献でいかに理解・説明されていて，どのような課題がありそうか，などを点検・把握していきます。一般に，原因と結果，要因と効果の関係を理解し，自分の関心事はどの部分に関わるかを明確にしていくことが重要だと思います。研究テーマに関する先行研究の中での説明内容で，自分が当初持った疑問や関心事がどれほど解決されていくか，それについて，どれほど納得した説明を得られるか，を考えてみます。

　文献レビューの過程において，自分が抱いた疑問がすべて解決されたと感じるのは，自分に欠落していた知識が補充されたせいと思われます。しかし，疑問が解決されないと感じる場合は，適切な文献を探し当ててないせいか，先行研究（または通説）での説明に課題が残っているせいかもしれません。通説に過度に拘束されず，既存文献での説明に満足することなく，自分の疑問に対して素直な気持ちで既存文献をレビューし，自分が本当に明らかにしたい内容やそれを明らかにするための手順や方法をじっくりと考えることが重要です。

第**2**章　先行研究を読み込もう

　先行研究レビューの目的は，自分にとって解決・未解決の課題を明確化することと同時に，先行研究の限界や問題点を整理することでもあります。先行研究の内容を整理する過程で，関連する既存の理論や通説を知り，当該テーマに対する疑問や代替的意見を明確にしていきます。また，研究の方法を学習します。

（2）基本文献を漏らさない

　研究テーマに応じて，点検すべき文献がかなり多数のこともあるし，直接に関係すると思われる文献が少ないこともあります。テーマに関して必読・基本と思われる文献（基本文献と呼ばれます）を読み，テーマに関する概容（既知の認識）や論点を把握していきます。テーマに関わる基本的な用語や概念を論じた文献を少なくとも3～5点以上示すことが望まれます。参考文献をいくつ示すべきかに関する決まりはないですが，文献の数だけでなく，テーマに応じてレビューしておくべき基本と呼ばれる文献がきちんと含まれていることは重要です。

　（教員の指導方針によりますが）学生の場合，自ら選んだ研究テーマや課題に関して，

　①自分が見つけた文献を読み，その内容が自分の研究に有用かどうか，自分の研究テーマを検討する上で，欠かすことができないかどうかを考えていきます。自分の研究テーマにとり重要と思われる内容やキーワードまたは図表を見つけた場合，そのデータ・資料の出所元（どの文献から出てきたか）を確かめ，その元の文献を直接に点検してみることが望まれます。

　②基本文献を見つけるためには，たとえば，いくつかの文献の

第Ⅰ部　研究（論文を書くこと）の基本的知識

■□コラム　1　□■

学術論文と随筆との違い

　随筆では，感じたこと，印象，思い等を自由に書きます。たとえば，単に「景気は良くなっていると感じている（思う）」と書くと，随筆になります。他方，論文では，理由・根拠を付けて意見を述べることを基本とします。先の例では，「○○の指標が〜〜ゆえ，景気は良くなっている」と表現されます。自分の意見・結論に対して理由・証拠を示すことが論文作成ではきわめて重要です。論文での書式は，「この○○という証拠から，事実は〜である」「△△の理論的観点から，〜と理解できる」と表現していくことが基本です。

中で執筆者が共通に重視している特定の文献やその内容に着目します。いくつかの文献の参考文献リストを比較・点検すれば，そこで共通に収録・掲載されている文献（それはテーマに関する基本文献の可能性が高い）があると気付くでしょう。基本文献の候補と思われるそれらの文献に直接，目を通してみて，元々の定義や表現の仕方などを確認することも大事です。もちろん，指導教員に基本文献を聞いて確かめる方法もあります。教員は多めに推薦してくれるかもしれませんが，その指導内容に従ってください。

（3）先行研究の内容を整理・要約していく

　繰り返して言いますが，研究目的（何を明らかにしたいか）を意識し，研究テーマに関連する先行研究文献を読み，そこに書かれている重要点を簡潔に要約していきます。それと同時に，先行研究文献に出てきた重要用語の定義も，執筆者別に書き出していき

24

第**2**章　先行研究を読み込もう

■□ コラム　2 □■

報告書は論文ではない

　報告書は，状況把握（調べてまとめること）を目的とします。ゆえに，報告書では，記述される調査内容として，新しい動向，それに該当する事例，用語や概念の列挙と整理，背景事情の解説，今後の方向性や見通しから構成されることが多くなります。一方，論文では，未解決とみなされる課題や論点を明確化し，それを論理的・実証的に検討した結果を記述します。つまり，論文では，概観紹介と結論だけでなく，自他の見解を論理的に検討・考察し，新しい知見を導く形式となります。よって，理論的視点からの考察や証拠（エビデンス）を伴わない将来予測または提言だけから構成される文書は，一般に論文と言えません。なお，調査報告書と論文はその目的が違うのでどちらかの優劣を語るものではありません。

■□ コラム　3 □■

学習・調査と研究の違い

　既存の記述物で事実や実態を調べた結果や，学習・調査の結果を一覧表記した内容は，調査・学習の成果として意味を持つでしょうが，先行研究結果との比較や検討がなければ，論文とは呼ばないかもしれません。また，仮に先行研究結果と比較検討されていたとしても，表面的な違いを指摘しているだけでは十分な分析と呼べないと思います。繰り返して言えば，研究には，先行研究レビューが不可欠です。先行研究で示された内容や意見を確認することや，先行研究で明らかにされていることと自分の着眼点や解釈・意見との比較や検討が重要です。

25

第Ⅰ部　研究（論文を書くこと）の基本的知識

■□コラム　4　□■

「なぜ」の問いかけが，論文作成では，きわめて重要

①報告書は，課題に関する情報の収集と整理を目的とします。そこには調査・学習した成果は書かれていますが，テーマに関わる内容を知る，つまり，「何（What）」かを理解しようとする記述が中心となり，歴史的経緯を記述した部分を除くと，「なぜ（Why）」に関わる視点や記述が少ないか，欠落している（または必要としていない）かもしれません。

②コンサルタントの企画書やマニュアル書（手引書，概説書）では，「いかに（How）行う」に関わる記述が重要となります。解説目的に必要な事柄に関わる論理的根拠や関連した情報は書かれているでしょうが，特定の事項について必要最小限の事柄しか書かれてないかもしれません。

③論文は学術的課題や論点を解明する（解明した）内容の論述を基本としています。そこでは「論じる」ことが大事となり，そのためには，実態に対して，そして，先行研究結果に対して，「なぜ（Why）」を問いかけることが不可欠です。つまり，「何」を説明するか，だけでなく，「なぜ」を出発点として検討することが中心になると思います。なお，論文においては，「いかに行う」べきかの要素は，論理的検討結果の含意に含まれていると理解することができます。

ます。一般に，著者A［2010］は「……と述べている」。著者B［1999］は「○○と述べている」。C［2003］は「まったく違う視点から△△と論じている」。あるいは，「◇◇を△△と定義して，××を明らかにしている」などと書いていきます。

　内容を整理していく際に，理由を添えて自分の意見を述べてお

第**2**章　先行研究を読み込もう

表1　問題の立て方と回答様式

問題の立て方	求められるもの	作業	方法
何（What）が問題か	事実，実態 情報・知識	調査，収集	叙述
なぜ（Why），そうなのか	原因・理由 分析	分析，検討	説明
いかに（How to）対応するか	現実への対応 具体的処方	マニュアル， シナリオ作成	処方

出所：岩崎美紀子『「知」の方法論——論文トレーニング』岩波書店，2008年，45
　　ページの記述内容から，筆者作成。

くと，後日，その文献を再度，読み返し，見解をまとめる作業を
省くことができるでしょう（要約作業を後日，やり直すとしても，要
点を思い出す記録素材として有益です）。たとえば，「□□を説明でき
てない」「××ゆえ，疑問である」「著者A［2010］と著者B
［1999］の共通点は○○であり，差異は××である」「著者C
［2003］の見解は△△である」「筆者は著者C［2003］の見方が妥
当だと考えている。その理由は，……」。このような整理作業を
中心的な検討事項別，または執筆者別に行っていきます。

　問題の立て方と回答様式の関係を**表1**で確認してみましょう。
まず，何が問題か（What）を問うならば，事実・実態を把握する
ための情報収集やそれに関わる各種知識の獲得が必要です。また，
なぜそうなのか（Why）に関しては，結果とその原因を探る上で，
理論や専門用語を用いた理解が必要となります。そして，いかに
対応するか（How to）を考えるためにも，自分が何を問題とし，
どのような答えを求めているかなど，問題関心や研究・解明の目

27

第Ⅰ部　研究（論文を書くこと）の基本的知識

的と手段・方法の関係を整理することが求められます。問題の立て方に応じて，分析・検討方法と回答の様式を対応づけて考えていくことが大事です。

　結局，学習とは，先行研究の内容・知見とその解釈の仕方を個人的に学ぶことであり，研究とは，先行研究で示された説明に納得できない点について，自分の意見が正しいことを確かめようとすること，そして研究者間に共通の未解決な課題を解明することと言えるでしょう。それはいわば，「知ること」と「考えること」の違いと表現できます。研究には，独自の問題関心（研究目的）と探究心が必要となります。

4　文献情報による実態の把握

（1）先行研究とエビデンス

　実態・現状を知ることだけが目的であれば，調査や個人的学習行為に近いと思います。他方，「先行研究文献に書かれていることは不十分ではないか」という疑問から研究は始まるとも言えます。しかし，経済情勢，産業活動，企業経営，地域状況，社会制度，社会的問題などに関わる分析の基準は，実態に関する詳細な知識や情報の保有量を競うことではありません。実態知識の量だけを競うのであれば，実務者に任すしかないでしょう。そうではなく，研究や論文では，理論的視点や（後述する）分析枠組を用いた検討を通じて1つの結論を導くこと（既存文献が示すこととは異なる種類・次元の示唆を与えること）が重要となります。

　経済・経営系など社会科学領域の学生が書く論文の場合，研究

第**2**章　先行研究を読み込もう

テーマは，一国や世界，産業・企業や社会・地域についての実情把握とそれに関わる問題点の指摘，課題の検討や特定の制度・政策の効果検証などが多いことでしょう。また，通説の理論・概念に基づき，資料等を駆使した実態の把握とその検討という形式が多いと思います。指導教員の要求内容に応じて異なるでしょうが，自ら選んだ特定の研究テーマ・課題に関して，①研究・調査・分析・検討した内容が従来の研究結果とどこがいかに違うか，②従来，不明・不明確だった点を明確にしたか，③自分が独自に示した内容は何か，などを意識して記述することが望まれます。たとえば，経済や社会の現況・実態，企業行動，税制，社会福祉，就労状態，所得分配等の実態分析，または，産業・企業や地域の事例分析などが取り上げられることが多いでしょう。

　実態の分析は，既存文献で述べられている理論的内容や分析結果との違い，または対象間での共通点と相違点を示し，現況に対する解釈を述べる形式が多いかもしれません。調査型論文や報告書では，産業事情や特定企業（群）の動向を整理し分析しているでしょう。その際，先行研究との関係を説明していなければ，何を問題としているか，それを研究することの学術的意義は何かを読み手は理解できないかもしれません。先行研究レビューや理論的検討を通じて論点を把握し，それを明示しておくことが大事です。そうしておかないと，筆者が入手した文献や資料の内容を書き写した個人的学習成果という性格の強い文書になりかねないと思います。政策や組織行動の効果分析や実態における問題点の把握についても，理論的見解に基づき予想される事柄や，前提条件を示した上での検討や，証拠事実（エビデンス）を伴った検討と

第Ⅰ部　研究（論文を書くこと）の基本的知識

いう形がなければ，理由や根拠を欠いた意見・主張となってしまい，論文と言えなくなる恐れも出てきます。

　ところで，商業雑誌や業界誌等での業界，企業，行政，NPO等に関する「事例研究」と名のつく特集記事は，一部組織の先進的取り組みの紹介や新情報の提供という点で興味を促します。しかし，マスコミや産業界アナリストの実務的視点における記事と，学術的研究の視点に立つ論文とは執筆目的が違います。事例研究という名目でも，先行研究結果が示されていなければ，マスコミらによる話題提供または問題提起を目的とした報道様式と変わりがなくなります。こうした点を勘違いせず，論文作成では商業雑誌等での記事のスタイルを過度に模倣しないことが大事です。また，知識や情報の新しさと分量だけを競う調査報告型でなく，先行研究結果との比較を行うことを意識して，経済学や経営学など社会科学系の専門用語や分析枠組を用いて，たとえば，理論や概念と実態との関係を検討することや，国際間・産業間・企業間・地域間等に関する「比較分析」に取り組むことが望まれます。

（2）結論を短絡的に導かない

　改めて言えば，事実や事例の紹介と，その内容に関する直接の解釈だけから結論を導くことの限界を知る必要があります。事例研究の内容を紹介する文では，筆者は論理的に正しく検討しているつもりでも，自らの思い入れが強くなり，事例内容の過大評価や拡大解釈に陥ることも少なくないと思います。自分が選んだ研究テーマに合致・対応した典型事例を扱っていると思いながら書いた事例研究において，自分がとりあげた事例内容の解釈だけか

第**2**章　先行研究を読み込もう

ら「現代○○の特徴は△△だ」などと，短絡的・断定的に過度に一般化した結論を導いている印象が強まると，論文の説得力は弱くなります。まずは，複数の事例を紹介し，事例ごとの特徴を比較分析し，それぞれの事例に固有の特徴や課題があることを，理論的視点を背景に持って示すことができれば，多少とも説得力のある含意を引き出すことができるかもしれません。このとき，事例の性格を判別しつつ，自分が分析した結果や内容を類型化するためには，ある程度の理論的観点や概念に関わる基準を持つことが必要となるでしょう（事例研究については，6章2節を参照）。

5　理論と分析枠組

　理論とは，物事や事象を系統的に説明する論理または論理の体系を言います。理論には，より広い研究テーマや対象に関わる説明の論理を系統的に持つものと，1つの主要テーマや中心となる概念についての説明の論理を持つものとに大別できます。理論は，何を何によって説明するという論理的関係，つまり「何を」（被説明対象・要因）と，「何によって」（説明要因）の関係を明確化した理解や説明を可能とします。とりわけ，事実・実態の性格や特徴を理解する際の拠り所となる理論的知識は，分析対象における要因（変数）の選び方や分析結果を解釈するときの根拠（比較検討の基準）となります。それらの理論的知識は，先行研究（既存文献）における理論や学説をレビューした結果として習得できるものです。

　他方，理論や学説の多くは概して抽象度が高く，理論的視点か

31

第Ⅰ部　研究（論文を書くこと）の基本的知識

ら厳密に定義された概念は，そのままの形では実態分析になじまないことが多いと言えます。そこで，事象や実態を具体的に分析できるように，理論の特徴となる考え方を集約または凝縮したものを，分析枠組（分析フレームワーク）と呼びます。

　分析枠組とは，研究テーマの対象を分析していくための手がかりとして，理論的・概念的に中心となる要因（変数）とそれらに関わる法制度・政策・戦略などとの関係を検討・考察するための理論的・概念的な捉え方を指します。1つの事柄に対して1つの理論が直接に関わる場合だけでなく，系統的な理論や包括的概念の一部を使って説明していく場合には，特定の事象や実態の分析に適した分析枠組を選ぶと，分析が容易になると考えられます。その意味で，分析枠組とは，理論に基礎を持ち，「何を，何により説明するか」を分析する拠り所の役割を果しています。分析枠組は，厳密に言えば理論そのものではないこともあります。

　図2をみてください。分析枠組は，理論や学説，概念を背景として，研究対象の課題や事象・実態やそれに関わる主要要因を結び付けて説明する捉え方（言い換えると，関心対象となる事象や実態の原因と，結果・成果・効果を関係づけて説明する視点）として示されています。つまり，分析枠組は，課題や事象・実態を分析するときに着目すべき要因を示すとともに，理論で重視される概念を，具体的な分析指標や代理変数に置き換えて，分析結果を解釈する際の理論的基盤ともなっています。それは，ときとして，それぞれの理論の特徴を形作る主要要因を抜き出し，理論の特徴となる考え方を指標などの形で表現して，対象を分析できるように要因間の関係を簡潔な図などで示しているかもしれません。また，先

32

第2章　先行研究を読み込もう

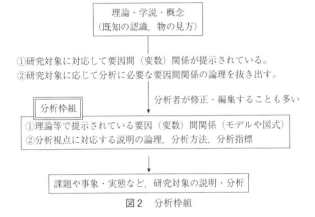

図2　分析枠組

行研究（既存文献）での理論的見解に対応した分析上の指標と同じ指標かそれに類似した指標を用いて分析する考え方を示している場合もあります。こうして，分析枠組は，さまざまな理論的見解の中から研究者・論文執筆者がどの見解や研究方法に従っているかを反映しています。分析に先立ち，どの分析枠組を用いるかを言明すれば，多くの場合，依拠する理論が判明します。よって，それぞれの理論や見解が重視する説明要因や分析指標を用いる際に，分析の背景にそれぞれの理論的見解（や根拠）を持たせる役割を果たしています。

　さて，自分が研究したい課題や事象・実態などの解明に必要な，または有用な理論・学説・概念（既知の認識，物の見方）を見つけていく過程で，①研究対象に対応する要因間（変数）関係が分析枠組の形で提示されている場合には，テーマに合致する理論，概念，分析方法を選ぶことができると思います。その際，理論等で

33

第Ⅰ部　研究（論文を書くこと）の基本的知識

提示されている要因（変数）間関係（モデルや図式）をそのまま選ぶこともあるでしょう。

　一方，それらが明確化されてない場合や，先行研究に書かれた内容のすべてではなく一部にだけ共感を覚える場合には，②研究対象に対応させて，注目する要因（変数）や要因（変数）間の関係についての理論等を選びながら，分析に必要な要因間関係を説明する論理を自ら構築することになります。

　こうして，論文作成においては，自分の考えの拠り所となる分析枠組（と説明要因・指標）を明確にすると，研究を円滑に進めることができます。ただし，説明の論理は首尾一貫すべきですから，対立するさまざまな理論や分析枠組を安易に組み合わせて使うと矛盾が生じるので，注意が必要です。

　なお，コンピュータ用ソフトやツールなどの分析手法は分析枠組とはまったく異なり，特定の作業実施や指定された指標を処理する方法に過ぎないと思います。

6　実証研究と理論的背景

（1）実証研究の類型

　経済・経営系など社会科学領域での実証研究（empirical study）とは，研究上の課題を事実・事象・実態に関わる資料や統計データに基づいて分析することや，研究テーマに関わる地域や企業・組織を訪問して得た情報に力点を置いて分析することを指します（実証分析（empirical analysis）とも呼ばれます）。

　経済・経営系研究領域での実証研究の形態は，大別すると，

第**2**章　先行研究を読み込もう

ａ）理論モデルに現実のデータを当てはめた分析結果を示す理論モデル重視型と，ｂ）理論的・概念的見解を背景に持ちつつも，実態把握を分析の中心とする実態把握重視型に大別できると思います。

　ａ）理論モデル重視型とは，関心対象となる要因（変数）の動きや要因間の関係を，数式等を用いて理論的に厳密に検討（論証）する形式の理論モデル（または精緻な論理）を構築し，その理論モデルが実態を説明する力を高めることに比重が置かれる方法です。

　他方，ｂ）実態把握重視型の研究と言うときにも，研究テーマに関わる理論的・概念的見解を背景に持つ実態分析と表現する際の理論や概念への依存度の強さ，または，事実・事象・実態を把握する目的やその比重の大きさなどによって，さまざまな形態や方法があります。

　実証分析の方法または形態として，事実・事象・実態についての記述統計に基づく分析（理解と課題の指摘など），理論的見解と統計データを一体的に結び付けた分析，事例研究などがあります。理論的見解（仮説）の妥当性について，事実・実態に関わる数値や事例を示し（実態把握し），それを説明する論理や理論的モデルの説明力の高さを追求する立場もあります。経済・経営系領域での実態分析には，数量データを用いた検討だけでなく，事実や状況についての非数値情報を駆使した分析を含みます。非数値情報とは，たとえば，制度・政策とその効果や影響に関わる歴史的変遷，イノベーションが生まれるプロセス，企業の組織能力，人の判断力やガバナンスに関わる要因などを例示できるでしょう。

35

第Ⅰ部　研究（論文を書くこと）の基本的知識

　学生の皆さんは，特定の事象や実態に関わる課題に着目して，それについての理論的見解を整理した上で，その事象や実態を分析し，問題点を指摘し，理論的・実践的示唆・含意または状況改善のための政策的課題や対策を提示する形式の論文を書くことが多いと思います。自分の研究目的や研究関心の内容に応じて，適切な研究形式を選択すればよいでしょう。

　ところで，資料・情報収集の視点から実証研究の方法を見ると，現地訪問調査や面談調査を伴うかどうかで，さらに２つの形態があると思います。第１は，特定の対象に関する既存文献や各種資料を活用して実態を把握する方法で，いわば「机の上で入手できる情報」に基づく研究です。理論や中心となる概念の整理や分類を踏まえて，研究テーマに対応する実態や事例を示していく方法がこれに含まれます。第２は，「机の上での情報」だけでなく，理論や中心となる概念のイメージや具体像を描きながら，研究テーマに関わる組織や現地を訪れて得た情報ならびに訪問先の関係者と直接に接して得た情報を加えた分析，すなわち「現場」での情報を重視した分析の形態です。その方法では，組織（企業，行政機関，非営利組織など）や地域（国，都市，地域，地区など）を訪問して，「机の上での情報」とは別の「現場の情報」や訪問時の印象を加えて，実態の特徴を記述する作業が多くなります。訪問先の特徴や雰囲気は現地ごとに異なることを知るなど，実態に関する理解は深まり，記述内容や論理展開も多様になるでしょう。ただし，論文に書かれた内容が「見たこと，聞いたこと」を記録しただけの形式になると，理論的・概念的検討が少なくなる点や，訪問先・面談先の実態を「典型的事実」と位置付けてしまい，そ

36

第**2**章　先行研究を読み込もう

の分析結果（結論）を一般化して論述する恐れが出てくる点には注意が必要です（6章3節も参照）。

（2）理論的背景を持つ実証研究

　実証研究とは，事実や実態の紹介をし，その内容に関わる経験的感想や印象的な意見を述べるのではなく，既存の理論や概念を使い，事象・実態をどのような視点から理解するか（分析し解釈すること）が重要となります。「何を，何によって，どのように説明するか」「分析した結果を，いかに解釈するか」を具体的に検討するためと，その結果を示すためには，理論または専門用語に関わる知識が不可欠となります。

　皆さんが関心を持った研究テーマに関わる事象や実態について，自分の見解や仮説を提示し，証拠となる事実で裏付け，その見解の説明力を示していくことが実証研究型の論文を作成する1つの基本的な流れです。こうした流れの中で，実態，理論，分析枠組の関係を簡潔に示すと，図3のようになります。上で説明した通り，自分が関心を持った課題や事象・実態などを分析する際，研究テーマに関連する先行研究をレビューします。先行研究をレビューしていく過程では，よく紹介・引用されている理論的見解，特定の学説や概念，分析手法など，一連の物の見方，要因間関係，モデル，分析手順など，すでに明らかになっていることを知ります（「既知の認識」の把握）。先行研究および自分が授業などで得た知識も活用して，研究テーマを研究するための説明の論理を組み立てていきます。論文作成には，自分の見解をどのような内容として形成し展開するか，自分の見解や視点をどのように表現する

37

第Ⅰ部　研究（論文を書くこと）の基本的知識

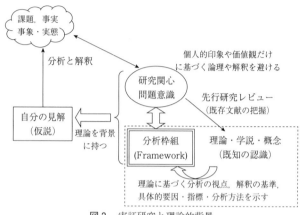

図3　実証研究と理論的背景

かなどを考える必要があります。このとき，先行研究（既存文献）における研究内容や研究方法（「既知の認識」）を知り，説明や解釈の際に自分が依拠する理論を選択し，自分の見解（仮説）を形成・提示することになります。よって，既存文献での研究内容や検討方法に着目して，自分の見解を論理的に示す方法，具体的な統計・資料の扱い方や，分析結果の表現の仕方などを理解していきます。

　さて，ある分析枠組を使うため，その理論的見解に対応した要因・変数が明確に定まった状況では，理論的見解を反映する変数・説明要因や指標に対応した統計データ・資料等を用いて分析します。そのときには，先行研究で，いかなるデータや指標が用いられているかを確認して分析を進めることが可能となります。先行研究の内容や方法と比較可能な形で，自分独自の仮説・見解

第**2**章　先行研究を読み込もう

■□ コラム　5 □■

実態に即した実証分析と理論に忠実な実証分析

　いずれも統計・資料を駆使する点は共通だと思います。理論に忠実な実証分析では，抽象的概念や理論的な専門用語を用いて，理論的視点だけから実態（現実）を解釈する傾向が強くなります。現場の情報を重視する人から言えば，それは実態の特徴や機微を無視した理論概念という「めがね」で見る傾向が強いものです。他方，実態に即した実証分析では，実態（現実）の理解に注力する傾向が強く，現場の人や業界の人と共通の言葉で話せるほどの「情報通」を評価基準とする人もいます。逆に，業界や現場での見解・発想に強く引っ張られる傾向もあります。よって，理論重視の人から言えば，現実という等身大の地図を描こうとしているという批判を浴びます。バランスが大事だと思います。

の妥当性を検証するなど，理論的背景を持ち，実態分析することを基本とします。

　一方，理論的見解が明確に定まっているとは言えない状況（明確な分析枠組がない場合）における研究では，先行研究から自分の分析に関係しそうな要因を抽出して，課題に関わる要因（変数）を選んで，要因（変数）間の関係あるいは研究対象の特徴を反映する指標の特徴などに注目して，理論的観点を忘れることなく分析していくことが求められるでしょう。

　論文作成における実証研究は，理論的背景を持ち，理論的な概念ないしは専門用語を用いて分析し，その基準に基づいて，分析結果を解釈・判断することが基本です。理論的背景を欠くと，思

第 I 部　研究（論文を書くこと）の基本的知識

■□コラム　6　□■

「推奨的」研究日程案──＜ 1 月 15 日を提出締め切りとした例示＞

　まずは，研究テーマを決定し，先行研究レビューを行います。提出
年度 4 月末までに，研究テーマを確定します。7 月末までに，先行研
究レビューをほぼ完了し，リサーチ・クエスチョンを定め，研究上の
論点を絞り込みます（目標）。8 月，9 月の夏季休暇中に，資料収集
（または現地調査）を一通り行います。10 月，指導教員と話し合い，
研究の全体像や方向性（つまり，論文構成や論文で取り上げる内容の
概容）を固めます。10 月，11 月，分析し，その結果を文章として書
き進めつつ，資料収集や現地調査を追加します。12 月，比較分析や
考察の文章化がほぼ完了することを目指します（目標）。1 月，文章
全体を読み返し，図や表を含めて表現や内容を修正し，考察を深めて
いきます。そして必ず，1 月 15 日までに提出しましょう。

いつきや理論的に相容れない要因を無秩序に取り込んだ説明や論
理となり，理論的な不整合や矛盾が出てくることとなります。現
実の数字や固有名詞を闇雲に並べた「理論なき実証分析」や，個
人的印象や個人的価値観だけに基づく我流の論理による説明や解
釈に陥らないことが大切です。

7　研究テーマの（再）設定

　第 1 に，自分が想定した研究テーマについて先行研究ですでに
明らかになっていること（既知の認識）を調べてみると，多くの
ことが十分に研究されていて，自分が選んだ課題についてもほぼ

説明されていたとわかった。よって，自分がこれまで調べた内容は，自分が個人的に学習した結果に過ぎないとわかり，研究テーマの再設定が必要となった。第2に，テーマを絞り込みすぎたせいか，研究テーマに関係する先行研究の文献はなかった。この場合，自分が関心を持つテーマに関して限定者が使う（新しい）用語ではなく，それらを含む少し広い概念や伝統的分類基準に対応した用語で検索してみます。また，対象領域は違うけれども，類似した状況を研究した文献もその研究の狙いや方法が参考となるかもしれません。第3に，対象を広げすぎたため膨大な情報が出てきて収拾が付かなくなり，テーマをもっと絞り込む必要があると感じたときには，自分が本当に研究したいこと，または，実際に研究できることは何かを，改めてキーワードを挙げながら考え直すしかないでしょう。その際，指導教員と相談することも大事です。

（1）事例に関する着眼点と留意点

　〇〇のテーマを取り上げてみたい。〜〜のことを解明し，自分なりの答えを出したい。でも，それは論文となるだろうか。研究テーマを探している当初段階では，授業で聞いた事柄やたまたま読んだ文献やその時々のマスコミ報道情報から問題関心を持つこともあるでしょう。ただしマスコミ報道は，極端な成功や困窮の事例を象徴として取り上げているかもしれません。類似の事例が他にも見つかるでしょうか。また，学術文献ではいかに扱われていて，研究があるとすれば，何が書かれていて，どのような結論が出されているでしょうか。そのテーマに関する適切な先行研究

第Ⅰ部　研究（論文を書くこと）の基本的知識

結果を見つけて，「既知の認識」を知ることができなければ，自分の問題関心に「予備知識」（「既知の認識」）なしで取り組むことになりかねません。やはり，先行研究レビューが重要となるのです。その際，検索するキーワードの選び方にも考慮が必要と思います。

（2）検討事例1 ── 「地域農業の活性化」

　安全・安心な農産物の提供のみならず，自然環境の保全に有用という側面からも農業の話題は多いです。一方，地域農業の活性化に関わるネックは何でしょうか。政府規制，流通機構（農協や大手小売企業の取り扱い方），農業従事者の高齢化と農業後継者の不足など，よく取り上げられる要因や課題は多面的に出てきます。その中から何を取り上げるか。たとえば，農業後継者を育成すべきと考えたとき，なぜ，後継者が育たなかったかを考えます。その理由として，農業収入が不十分だから，となると，なぜ，収入が低くなるのでしょうか。先行研究での分析結果や見解を調べて整理していきます。たとえば，①農家の独自な事業展開に着目するならば，作物選択や土地利用の仕組みについて，農林水産省の政策と関連するかどうか，②農産物の自由流通販売が関わるならば，農協の事業方針といかなる関係にあるか。その他，いかなる要因が重要と考えるか。こうした検討が出発点になると思います。

（3）検討事例2 ── 「地域資源」

　○○地域の素材や高度な技術・技能または伝統的職人技など，地域資源から新しい展開が生み出されてくる条件を，地域活性化

第**2**章　先行研究を読み込もう

■□ コラム　7 □■

「今，すべきこと」は何か

　いかなる研究テーマを取り上げるか。自分の関心事（研究テーマ）はまだ研究されていないか。自分が重要と考える論点は，○○が明らかになっていないなど，解決されていない状況か。それを検討すると何が明らかになると期待できるか。それを研究するには，いかなる資料や研究方法が必要となるか。こうした点を，順次，検討します。仮としてでも，研究テーマが決まると，まずは，先行研究の検索とレビューをしなければなりません。また，テーマによれば，法制度や政策関連情報，業界固有の仕組みや特徴を調べる必要も出てくるでしょう。さらに，自分が学習してない財務分析や統計的検定分析を必要とするのであれば，その知識を修得していきます。

政策の視点から研究したい。地域資源に関係する実態報告や理論的考察の文献（先行研究）は多いでしょう。まずは，地域資源や地域活性化の定義をします。そして，対象となる地域資源の主要要因を知ること（知識の獲得と整理）が求められます。結局のところ，何を明らかにすれば，自分の研究目的を達成できるでしょうか。研究を行うために，いかなる点に着目し，どのような論理展開をすればよいかを考えます。既存文献のレビューにもとづき，たとえば，各地の特徴や「強み」の要因を抽出し，その背景要因を探る必要があるでしょう。また，その要因は他地域にも無条件で適用できるでしょうか。あるいは実態の特徴を把握し，共通要因で比較分析が可能となるように（たとえば，A地区，B地区，C地区，D地区などとの比較）課題を設定することなども望まれます。

43

第Ⅰ部 研究（論文を書くこと）の基本的知識

（4）検討事例3 ——「成功の条件」

　なぜ，A社は突出した業績を上げ続けているのか，その成功の
理由を知りたいという関心です。しかし，成功企業について書か
れた情報を見ると，結果（成功）に結びついたことを中心に，成
功した過程と要因だけが書かれているので，このテーマを論文と
して取り上げる際には多くの注意が必要です。まずは，先行研究
を読み，成功の定義や基準とその規定要因を理論的または概念的
に整理する必要があります。それを踏まえて，従来見解と違う自
分なりのアイデアや考えがあれば，仮説として提示してみます。
実は，「成功条件」に関わる研究は，その後の研究方法に関して
も簡単ではないのです。成功事例を列挙して共通要因を発見する
ことは経営学では通常見られる方法ですが，この研究方法は大な
り小なり，成功した企業という特定条件を持ったサンプルの集ま
りからなってしまいます。つまり，標本選択に偏りがあります。
仮説の妥当性を検証するためには，対象企業をどう選ぶか，成功
関連要因または業績指標をどのように決めるかなど，深く検討し，
工夫しなければならない点が多数あります。

　なお，A社に固有の特徴を力説（記述）するためには，比較検
討する他社の特徴やその業種での平均的企業の事業内容，さらに
は通説も知っておかなければならないでしょう。そうした比較分
析や判断の基準を我流で考えることとならないための学習も必要
です。

44

8 論文作成までの流れと日程

　論文作成までの全体作業の流れを，フロー図として示すと，図4のようになります。つまり，状況認識や問題関心，（研究テーマの）論点整理から始まり，検討課題設定，それに関わる先行研究のレビュー，説明要因（変数）と被説明要因（変数）および分析枠組や研究方法の選択，データ・資料の収集，調査を含む具体的な実証分析，分析結果の整理と解釈，論点ごとの検討・考察，最後に，研究結果の結論を出していきます。

　また，研究計画を作業別・段階的な日程（例示）として示すと，図5のようになります。表示した事柄は図4とほぼ同じですが，表現を少し変えています。日程管理に注意することが大事です。

第Ⅰ部　研究（論文を書くこと）の基本的知識

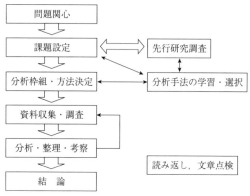

図4　研究論文作成までの流れ

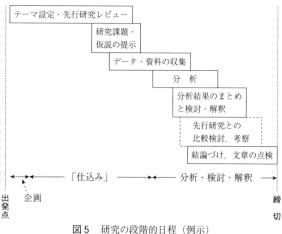

図5　研究の段階的日程（例示）

第**2**章　先行研究を読み込もう

┌─■□ **コラム　8** □■────────────────

研究メモの整理

　思いついた概念・イメージは，頭の中では容易に結びつくでしょう。まずは，思いついたアイデアをメモにして，そのメモを見ながら，自分の論文内容といかに関係するかを「考える習慣」を作ってみましょう。たとえば，明らかにしたいことと，明らかにできそうなこと，そして予想される結論を，自分の手元メモとして書いてみます。

　メモ書きは頭の中のアイデアを文字にして可視化する重要な手法です。メモした内容を列挙するプロセスで何かを気付くかもしれません。取り上げた要因に関わる活動やそのプロセスと要因間の関係をさまざまに表示・図示してみて，納得できる関係性を導出します。

　言い換えると，第1に，アイデアをメモとして書き出します。第2に，それを性格別に並び替えて眺め，考えてみます。このとき，不明瞭な点や曖昧さをなくすまで，徹底して考える（何度もメモを書きなおす）ことが大事です。第3に，資料や論文の情報を加えながら，新しいアイデアを引き出します。このプロセスを繰り返します（図6）。こうして，（頭の中で）ブレスト（brain storming）しながら，課題や方向性ややるべきことを明確化していきましょう。

┌─────────────┐　┌─────────┐　┌──────────────┐
│ アイデアをメモして │　│ さまざまに │　│ 論文・資料関連用語 │
│ 整理していく！   │　│ 並び替え！ │　│ を系統的に整理！ │
└─────────────┘　└─────────┘　└──────────────┘

図6　研究メモの整理

第**3**章

研究上の問いを提示しよう

──リサーチ・クエスチョンの検討──

1 先行研究を批判的に読む

先行研究レビューに際しては，先行研究（既存文献）や通説を「批判的に読む」（読み込む）必要があります。ここで，「批判的に読む」という意味は「否定的に読む」ことではありません。「批判的に読む」文献レビューとは，文献の執筆者の見解をすべて否定するのではなく，書かれている内容の妥当性をさまざまな角度から検討し，見解の限界や疑問点を逐次，指摘していくことを意味します。先行研究レビューとは，先行研究の内容についての問題点を書き出し，それに代わる新たな見解（対案や代案）や新しい知見を生み出すための検討過程でもあります。こうした批判的精神・視点を持たないと，研究は建設的で創造的な性格を維持できません。

2 仮説検証型研究

今から説明する研究上の問いと仮説の提示は，主に仮説検証型

48

の論文作成を念頭に置いています。しかし，すべての論文が仮説検証型とは限りません。それ以外の型の論文形式のうち，探索的研究は3章3節で説明しています。

（1）研究上の問いの提示

研究上の疑問や論点を「研究上の問い（リサーチ・クエスチョン）」と呼びます。自分の関心と先行研究レビューの結果に基づき，既存文献の見解（または通説）に対して自分が感じた疑問内容を集約して，「△△は××に依存していると言えないのではないか」または「○○は××以外の要因で決定されているのではないか」というように研究上の問題点を指摘する形で示します。疑問を投げかける形式からわかるとおり，研究上の問いは一般に疑問文で表現されます。

研究上の問いを示す際の着眼点として，たとえば，①既存文献が書かれた時期とその後の変化を考慮して，前提条件やその結論の現時点での妥当性を疑ってみることや，②人や組織の行動と国や地域の歴史や制度の違い，あるいはさまざまな条件の違いとの関係を考慮して，条件に応じた論理展開や結論の違いなどを考えてみることが1つの手がかりとなるでしょう。

（2）仮説の提示

研究する目的または論文を書く目的は，ある意味で，自分の見解や仮説が妥当であると立証することです。その1つの典型的形態は，自分の見解や仮説を論理的に説明し，その証拠となる事実や資料（つまりエビデンス）を示して，それが正しいと証明するこ

第Ⅰ部　研究（論文を書くこと）の基本的知識

とです。自分の見解や仮説が正しいことと立証する形式の論文を，文字通り，「仮説検証型論文」と呼びます。

　従来の考え方に対する代案とも言える見解や，実態を理解するための論理的見解を「（検討）仮説」と呼びます。仮説検証型論文の場合，先行研究で未解決なテーマに関わる研究上の疑問点（つまり，リサーチ・クエスチョン，研究上の問い）に対応させて，既存研究文献での問題点に代替する自分なりの考え方・見解を示すことを仮説の提示と言います。例示すると，「△△は○○である。」「△△は，（××ではなく）○○に依存している。」または，「△△は〜〜と相関関係にある。」「○○は，△△との関係で，〜〜である。」などと自分の見解を（数行以内で）示します。自分の見解を積極的に言明する役割を持つので，仮説は肯定文で示されます。

　実際の論文を書くとき，先行研究レビューから仮説を提示するまでの一連の過程では，自らの問題関心や着眼点に基づき，既存見解のどこに問題があるかを「リサーチ・クエスチョン（研究上の問い）」として指摘して，その「研究上の問い」に基づく対案・代案を，先行研究の内容に替わる見解（「仮説」）として示します。先行研究結果との対比で，研究上の問いが指摘され，仮説が提示されているわけです。よって，先行研究レビューが不十分だと，研究上の問いや仮説を示す段階にまで進むことができないとわかります。

（3）検討過程と作業の例示
　表2(a)には，検討・分析の過程として，研究上の問い，仮説，

第**3**章　研究上の問いを提示しよう

表 2 (a)　検討・分析過程の例示

研究上の問い	デトロイトは，かなり昔から，乗用車生産の中心地とは言えなかったのではないか。
仮　説	デトロイトの対全米乗用車生産台数比率は，かなり前から低下していた。
検証方法	全米都市別の乗用車生産台数比率を時系列的に比較する。
データ収集の留意点	全米の都市別乗用車生産台数（比率）のデータは，いかなる資料集にあるか。時系列で入手できるか。

表 2 (b)　検討・分析過程の例示

研究上の問い	高齢者が多い地区のなかでも，医療費が少ない地区があるのではないか。
検討の背景	仕事をしている高齢者は健康に留意するので，医療機関に行くことが少ない。
仮　説	多くの高齢者が仕事をしている（有業率が高い）地域は，一人当たりの高齢者医療費が低い。
分析方法の検討と留意点	仕事をしている高齢者の定義と資料の入手方法

検証方法，データ・資料の入手・収集という一連の流れを例示しています。自分の関心事や問題意識に基づく先行研究レビューの後，通説や過去の研究結果に対する疑問（文）の形での研究上の問い（リサーチ・クエスチョン）を出します。それに対応した自分の意見を仮説として提示し，その仮説の正しさや妥当性を確かめるために使用する検証方法，それを実施するために入手しなければならないデータの特徴や収集条件とその際の留意点などを考えていきます（表2 (a)では単純な反論の例）。一方，**表 2 (b)**には，実態や通説に基づく疑問点や問題意識からリサーチ・クエスチョン（研究上の問い），そして，自分の仮説を出しています。そして，

51

第Ⅰ部　研究（論文を書くこと）の基本的知識

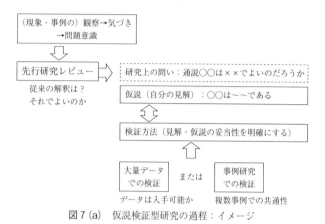

図7(a)　仮説検証型研究の過程：イメージ

分析方法を検討します。同時に，適切なデータを入手できるか，それができないならば，どうするかと考えていくプロセスを示しています。

　さて，図7(a)には，以上で説明した仮説検証型研究の一連の過程をフロー図として示しています。日常的な観察を通した気付きや問題意識あるいは研究関心を明確化することから研究が始まると言えます。先行研究レビューを踏まえて，検討すべき論点や自分が納得できない点を「研究上の問い」として提示します。その研究上の問いに対応した「仮説（または自分の見解）」を示します。それらの仮説（や見解等）の妥当性を検証するための方法を選択し，その検証に使用する（必要となる）データや資料を整備します。または，自分の研究テーマの検証条件に合致した事例を見つけ，調査し，分析していきます。

第3章 研究上の問いを提示しよう

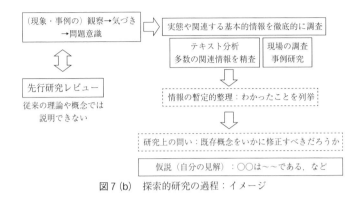

図7 (b)　探索的研究の過程：イメージ

3　探索的研究（仮説構築型研究）

　上でも言及しましたが，研究論文でしばしば典型形式とみなされている「仮説検証型」研究は，先行研究結果と関連付けて，研究テーマや論点を絞り込むことができたときに，自分の見解や仮説の妥当性を確かめる形式となっています。しかし，そもそも，関心対象の全体像が明らかでない場合，とくに，研究領域に関わる多くの人が，その対象についての研究はまったく欠落しているまたは不十分と認識している状況下では，まずは，対象の概況や全体像を把握する必要に迫られているでしょう。このように，対象の状況はどのようになっていて，何が問題かなど，研究上の論点を絞り込む段階から始める研究（当初の研究目的は，事象や実態に関わる問題点や論点を明らかにすること）を，「探索的研究」と呼びます（図7 (b)）。それは，実態把握重視型研究，あるいは，事例研究などの定性的研究の形態が多いと思います。探索的研究は，

53

第Ⅰ部　研究（論文を書くこと）の基本的知識

■□コラム　9　□■

「発注業務は，来店顧客の購買行動に関する仮説形成」

　コンビニ店舗で，ある週の土曜日に，弁当が飛ぶように売れ，店主は品不足を実感しました。そこで，店長は次の土曜日に多めの弁当を発注しようと考えています。しかし，発注する前に，その日なぜ弁当が多く売れたかを考える必要があります。たとえば，弁当の味が良いと期待されていた。メニューや値段が適切と知られていた。近隣店舗が臨時休業していた。近隣でイベントか運動大会が開催されていた。旅行者の集団が偶然，来た。期日限定要因や偶発的要因は翌週には再現されません。それらを考慮して，店長は発注しなければならないと言えます。現実のビジネスでの仮説・検証は，顧客の行動パターンや購買決定だけでなく，時間経過に関してさまざまな要因が加わるので，論理の世界以上に複雑となります。

分析や検討を行った結果，対象の特徴に関わる「事実の発見」に至ることが多いために，「事実発見型研究」とも呼ばれています。

　探索的研究は，手つかずの課題の全容を解明するための研究初期・研究開始段階（状態）に対応しています。それは言わば，検証すべき仮説が構築される前段階の研究と見なすことができます。また，研究（考察）した結果として，次（その後）に検討すべき仮説が提示されることが多いので，「仮説構築型」研究とも呼ばれます。

　探索的研究または事実発見型研究など仮説構築型研究に取り組むかどうか，その進め方については，指導教員と相談してください。

第**3**章　研究上の問いを提示しよう

┌─■□**コラム　10**□■──────────────────

論文形態の比較

　形態１：問題関心に基づき，事象・実態や事例を紹介し，その特徴
や重要要因を列挙・分析していきます（事象・実態や事例に即して考
察・研究していきます）。

　形態２：問題関心に基づき，研究上の問い・仮説を提示し，仮説の
妥当性を定量的・定性的データや事例を用いて検証・検討します。そ
の研究結果の特徴と結果に基づく含意を結論とします。

　学生の皆さんの論文の大半はこの１，２の形態になると思われます。

　形態３：問題関心に基づき，理論モデル（あるいは統計的検定のた
めの推定式）を構築し，そのモデル（やモデルに含まれる仮説）の説
明力を，データを用いて検証し，理論モデルの説明力とその含意を結
論とします。これは，経済学・経営学など社会科学系領域での理論モ
デル重視型論文の標準形態と言えます。ただし，理論的なモデルを構
築する能力が求められるので，一般には難易度が高いです。

　その他，理論モデル構築だけの論文もありますが，ここでは説明を
省きます。

└────────────────────────────

4　論文作成上の留意点

（1）「事象・実態や事例」の分析

　研究論文では，①研究テーマに関わる理論的・概念的な検討を
行う部分と，②そのテーマに関わる事象・実態を分析する部分，
③実態や事例を紹介して理論や概念に関わる論点や問題点を検討
することを通じて含意を引き出していく部分，または，④自分の

55

第 I 部　研究（論文を書くこと）の基本的知識

見解や仮説を裏付ける証拠に基づき説明する部分を区分して説明すると，わかりやすいと思います。

（2）「知られていること」と「発見事実」

　自分が選んだ研究テーマについて，すでに「知られていること」，つまり既存知識（既知の認識）は，基本的に，先行研究（既存文献）レビューから得ることになります（レビューに際しては，内容の整理や類型化の工夫が重要な作業として求められます）。

　一般に，学生の皆さんが書く論文の多くは，過去から現在までの事象や実態の経過や推移を扱うことでしょう。では，どれほど過去にさかのぼるとよいのでしょうか。とくに決まりはないですが，企業や産業の動向を検討する場合，分析目的とも関係しますが，景気変動，新しい製品・製法導入の影響，一時的ブーム等によって分析結果（業績やトレンド）を左右されないために，「過去の期間」として 10 年間以上をカバーすることが望まれます（商業雑誌や実務でのように，過去 1 ～ 3 年間と将来の 2 ～ 5 年間という期間の取り方は，論文では基本的にありません）。

　また，学術論文では，シミュレーション（数値的予測）分析を除き，将来に対する予測を研究テーマとして取り上げることはきわめて少ないです。将来への言及を行うときでも，過去から現在までの実態の経過や推移・動向を踏まえて，その状態や条件が変わらなければ，今後（近未来に），いかなる経路をとると予測できるかという形式がほとんどです。

　なお，トレンドと称して新現象や新事業を扱うのは，マスコミの報道方法です。「現在に固有の」特異な研究テーマを取り上げ

ても，新しい現象であるほど関連情報は少なく，不確かな要因が多いと理解すべきです（使用したデータも後日見ると，内容がかなり変化しているかもしれないです）。よって，実務的作業やシミュレーションを除くと，一般的には，研究テーマとして現在進行中（開始直後）の事象を取り上げることを避けた方がよいのです。

（3）論文構成の検討

　研究を始めた当初では，自分の研究テーマに関わり重要と考える要因やキーワードはいくつか浮かんでくるかもしれませんが，キーワードが断片的に思い浮かぶだけで，まだジグソーパズルのバラバラのピースのような状態でしょう。関連文献を読みながら，見落としていた要素や要因（変数）を追加し，入れ替え，当初気付かなかった側面や論理を徐々に明確化し，論文を構成するそれぞれの部分のイメージを形成していきます。それは，原因・要因と結果や効果との関係を整理するプロセスでもあります。その過程で，研究テーマに関わる通説や多くのキーワードを知ることができると思います。研究上の記録メモを作成し，学習した内容を整理しつつ，自分が理解した内容をどんどん拡充していきます。

　それとは別に，論文全体の流れ（ストーリー）をおおまかに考え，目次または論文構成内容をメモ書きすることも有意味です。何を中心的な問題とし，どのような論理展開になりそうか，予想される結論をイメージしてみます。いかなる要因・変数が結果に影響しているか，それに関わる重要なキーワードは何かを考えるきっかけとなります。あるいは，自分が関心を持ち論文として検討したいテーマや事柄を，論文の中核または軸として論文全体の

第 I 部　研究（論文を書くこと）の基本的知識

流れ（ストーリー）が構成できているか，さらには論文全体としてのまとまりや首尾一貫性の見通しを自問自答することになります（論文内容の形式的な記述方法については7章を参照）。そして，何を明らかにできれば，説明したい論理的関係が滑らかに（かつ矛盾なく）結びつくか，そして論文執筆の目的を達成できるか（論文として認められるか）を考えてみます。その時，友人や教員の意見を聞くことも重要です。

　たとえば，仮説検証型論文の場合，論文の前半は問題提起，先行研究レビュー，論点整理，研究上の問いと自分の意見や仮説の提示，研究方法の説明という部分からなり，論文の後半は，分析した結果の紹介と解釈，研究を通じて明らかになったこと，自分の見解や仮説の妥当性に関わる言明などの結論から構成されることが典型的だと思います（図8(a)）。

　一方，探索的研究または仮説構築型論文の場合は，研究テーマに関わる全般的な疑問点や問題点を出し，自分の問題関心や研究対象となる課題と先行研究結果との関係，または，その課題を説明できない既存理論や分析枠組等の不備や欠落に関わる論点を記述します。同時に，研究対象に関わる事柄を徹底的に分析・検討し，わかったことを系統的に整理し，先行研究文献や既存理論との関係を明確にしていきます。また，実態分析の結果として，新しい「事実」や知見を整理・検討することを通じて，その知見が普遍的な性格を持つかどうかや，抽出した事象の特徴や特徴ある事実のうち，先行研究（既存文献）によってもなお説明できない点を，次に行う研究の課題として提出することで，とりあえずの結論とします（図8(b)）。また，次の研究を行うための検討仮説

第3章 研究上の問いを提示しよう

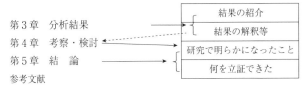

図8 (a) 論文構成と研究上の留意点

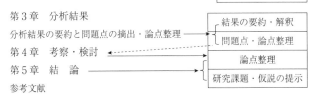

図8 (b) 論文構成と研究上の留意点

第Ⅰ部 研究（論文を書くこと）の基本的知識

を述べることもあるでしょう。

　論文構成について，たとえば，法制度・経済政策とその効果や実態との関係，業績を上げたい企業の戦略と実際の事業内容との関係，産業活動などに関する実証分析は，あるべき姿と実態とのギャップ，または，制度や政策が期待する効果と実態との差を把握し，その解消策を検討することが多いと思います。その際，テーマに関連するさまざまに対立する見解を比較・検討することには，仮説検証型論文が対応するでしょう。他方，問題の状況に関する実状把握や論点整理がほとんどできていない場合には，研究上，明らかにすべき事柄を明確かつ簡潔・的確に整理することが重要となるので，探索的・仮説構築型の研究が求められることになります。

　なお，論文構成（または目次）を作成する時の注意点として，単行書の目次やそこでの個別章の構成および表現内容を安易に模倣しないことが大事です。一部の著書は概説目的で書かれており，また，編著書の中では，編者が代表して冒頭の章などで問題意識や研究方法等を述べていることが多いので，それ以外の章では先行研究レビューをさほど書かない形式もあるためです（2章1節で述べました）。それらは単独論文の形式をとっていないので，大学で学生に課される論文の執筆とは目的や形式が違います。その点を忘れないで下さい。

60

第**3**章 研究上の問いを提示しよう

(練習問題)

以下のことを，A4，1枚で書いてみよう。

①予定の論文題名（副題は別）を1行程度で示してみます。

②研究の目的（明らかにしたいこと）を数行以内で示してみます。

③論文構成（作成予定の論文目次の骨格）を数行から必要な行
（ただし，A4で1枚以内）で示してみます。

④仮説検証型の研究を想定しているのであれば，研究上の問い
と，現時点で考えている検討仮説（自分が立証したい事柄）を
示してみましょう。

⑤探索的・仮説構築型の研究を想定しているのであれば，研究
上の問いと，その対象を明らかにすることの意義を簡潔に説
明してみましょう。

61

第4章

エビデンスを提示しよう

――証拠のない見解に説得力はない――

1　証拠となる資料・事実，データ分析結果

（1）事実資料とエビデンス

　あることを説明する際，1つの見解を裏付けるための証拠をエビデンス（evidence）と呼びます。実証分析に比重を置く論文では，エビデンス，すなわち，自分の見解（言いたいこと）や仮説を裏付ける証拠となる事実，資料・データ分析結果，検証結果等を示すことが基本です。エビデンスを示すことが論文における検証作業の中心となります。エビデンスを伴って示された見解や仮説等は「エビデンス・ベースト（evidence-based）（証拠事実で裏付けられた）○○」と表現されることもあります。

　以下では，エビデンスを提示するための元となるデータや資料に関わる学術用語の意味や検証方法を整理した後，エビデンスの提示の仕方について説明します。

（2）エビデンス提示と検証方法の選択

　論文（とくに実証研究の論文）では，他者も入手できる資料・デ

第4章　エビデンスを提示しよう

ータ等またはそれを用いて分析した結果など，自分の考えが正しいと裏付けるための根拠または証拠（エビデンス）を示す必要があります。「伝聞情報や個人的な印象ではない」点を示すことなく，つまり，事実（facts）由来の証拠（evidence）で自分の見解を裏付ける（エビデンスを示す）ことなく，「否定できない事実」や常識であるかのような断定的表現をしてはいけません。自分の見解の正しさや仮説の妥当性を裏付ける最低限の証拠として，実態に関する統計的事実，見解を裏付ける情報，関連する分析結果を示すべきです。ここでいう統計的裏付けとは，分析目的に対応した要因・変数や指標の数値的な情報，あるいは事例等から導かれた事実情報，統計データに基づき分析した結果などを示しながら，1つの見解が正しいと明らかにする（立証する）ことを意味します。

　エビデンスを示す表記方法はいくつかあります。たとえば，①文中で数値等を示す（例示すると，赤字予算は31兆円であり，……，売上高はA社15億円，B社22億円など）。②数値を表示し，文中でも数値を交えて説明する。③数値データに関わる内容を図示しておき，文中でも数値を交えて説明する。④統計的検定の結果を示す，などです。

　事例研究の場合，それは，複数の事例を取り上げて，研究テーマや自分の見解に関わる共通の特徴や要因を見いだし，可能な限りの因果関係や相互関係（その規則性または特異性）を検出し，その含意を理論的に検討・考察していくことを意味するでしょう。

第Ⅰ部　研究（論文を書くこと）の基本的知識

2　裏付けとなる資料・データとは

　事実（facts）を示す数値そのものや，数値を系統的に配置（表示）したものをデータ（data）と呼びます。経済・経営系領域では着目する数値的要因（変数）として，たとえば，輸出額，売上高，その変化分（成長率，動向）の数値，従業員数，市場シェア，利益額，利益率，数値を加工した指標など，いくらでも例示できます。データは，官公庁や業界組織・団体等が作成したもの（冊子物，電子媒体への保存形式など）を典型としますが，自分の見解や仮説の裏付けとなる資料・データの中には，現場で観察されたことを記録・記述した内容等を含みます。

　経済・経営系など社会科学領域の論文では，一般に，仮説の検証に関わる資料や証拠となる事実（evidence）を，自分で探し出すことも少なくないですが，その情報源は，先行研究の図や表の出所や文献欄に書かれた資料名や文献情報から探っていきます。いずれにしても，証拠となる資料を，事実やデータやそれらを使った分析の結果に基づくエビデンスとして提示し，見解を検証・立証し，説得力を高めるよう努力する必要があります。

　また，実証研究の内容は，第三者が，同じ条件の下で資料やデータを用いて分析しても，結果が再現されることを確保ないし保証する必要があります。つまり，研究内容は追試可能でなければなりません。よって，自分しか利用できない特殊な資料やデータに基づく説明ではなく，第三者が観察できる資料やデータを用いることが望まれます。その点とも関連しますが，データ，資料，

64

引用元，典拠先を明記することは，論文執筆の基本原則です（7章4節，7章5節参照）。

3　データ・資料・情報の性格

　論文での分析は，可能な限り，「1次資料」または「1次資料に準じた」統計数値や事例関連資料等を用いて行うことが望まれます。1次資料とは，実態に関わる統計数値や関連情報を収集し集計した状態（に近い形）で示されているもので，「未加工」の，つまり，他者が特定目的での加工や編集をしてない資料やデータ，歴史的経緯や事実を記述しただけの資料（さらには，原本，まだ公表されてない資料や研究に関連して資料的価値を持つものなど）を指します。事例調査，直接観察（参加観察や体験型調査など），面談時の記録物，アンケート調査結果などの資料・データも1次資料です。また，「1次資料に準じた」資料・統計とは，元となるデータを簡単な四則演算式の範囲で「加工」した数値や，加工された度合いが低く，元となる資料やデータの特徴を残す情報として表示したものと言えます。

　一方，「2次資料」は，1次資料や「1次資料に準じた」資料・統計などに基づき，第三者が編集・加工した資料をいいます。その多くは，特定の計算式で加工・計算した数値や指標化された数値で，1次資料などの原型や性格をとどめず，元となるデータの数値や性格をイメージできない状況にあるでしょう。

　次に，データ・資料・情報の源泉について説明します。第1に，官公庁，業界団体・協会，企業，専門機関，研究者，国際機関等

第Ⅰ部　研究（論文を書くこと）の基本的知識

が作成し，不特定多数の人が利用するために公表されている資料
やデータがあります。一般に，それらを「公表資料・公表デー
タ」とも呼びます。ただし，歴史関連の研究領域を中心に，通常，
多くの人には入手が困難と認識されている特殊なデータや資料に
ついては，他の研究者が作成したデータを使うことも許容されて
います。それは，限られた時期，地域，条件におけるデータ作成
だけに研究の独自性を認めるのではなく，書かれた内容で評価す
ることが合意された研究領域（データ入手に手を抜いたと見なされな
い領域）の特徴と言えます。

　第2に，インターネット情報は，研究準備段階における情報収
集の補助的機能とみなす方がよいと確認しておきます（ウィキペ
ディア（Wikipedia）などは利害関係者の書き込みもあり得るので，利用
法に注意が必要です）。学生は大学図書館の文献情報検索システム
の利用を基本とすべきです。

　第3に，企業・業界・旧家（の蔵や倉庫）・政府機関が内々に保
存していた資料や歴史的記録などが開示される場合を除くと，非
公表データ・資料の中には，客観性が認められないものもあり，
それらは論文作成に使用できないと理解した方がよいでしょう。
また，会員制組織の会員だけが閲覧できる（しばしば高額な）資料
も他者による追試験ができず，また詳細な情報を公開できないこ
とが多いので，使用を控えた方がよいです（会員に対する資料使途
制限の規則に触れてしまう可能性もあります）。

　データ・資料・情報の形式的性質に注目すると，数値系（定量
型）と，特徴，属性等の非数値系（定性型）に分かれます。第1
に，定量的統計資料・データは，公表資料・公表データから入手

66

することが基本となります。現在は，インターネット上に公開された
れたものもありますが，収集できる資料・データが各情報源におい
いて断片的にしか存在しないならば，自分で整理し直し，研究用
のデータベースを作成する必要があります。第2に，非数値型資
料または定性的資料の場合，まとまった形で存在しなければ（存
在しないことが多いので），たとえば，事例内容や面談内容などを
含めて資料・データを自分で集め，研究用のデータベースを自分
で作るしかないでしょう（6章も参照のこと）。

　ここで，研究テーマに関わる既存の統計・データ・資料が存在
しないという意味は，公開されている資料がないためか，一般の
統計資料からは研究テーマに関する特徴などを把握できないとい
うことです。よって，研究を進める上で，それらに関わるデータ
や資料が不可欠であるならば，それらの資料やデータを独自に収
集することから始めなければなりません。

4　「事実の紹介」とエビデンス

（1）エビデンス

　実証研究の論文では，自分が示した研究目的に沿って，データ
や資料に基づき研究対象を分析し，その結果を先行研究結果と比
較・検討し，1つの結論を出す方向で論述を進めます。エビデン
スを示す方法は，記述統計分析やそのデータの加工・編集による
分析にとどまりません。上述の通り，基本的に，証拠となる事
実・資料・データに基づく（統計）分析結果を示すこと，あるい
は，事例研究を通じた適切な事例内容やその特徴を明示し，自分

第Ⅰ部　研究（論文を書くこと）の基本的知識

の見解を裏付けることが大事となるでしょう。

　つまり，エビデンスを示す方法としては，①過去の研究結果と比較して新しい証拠や論拠を示す，②データや資料に基づいて統計的検定を行う，③自分で表や図を作成する，④自ら「現場」に行き観察した事柄や入手した情報に基づいて書く，などが代表でしょう。このうちのどれが適切な方法かは研究テーマに依存します。指導教員とも相談してください。

　さて，実態や事象やそれに関わる数値を示すときには，それらがいつの時期・時点の実態や数値かがわかるように示すことが望まれます（月日まで表示すべきかどうかは必要に応じて判断しましょう）。また，数値データや関連指標を表で示そうとすると，文章中でそれらを示すことに比べて，その定義や単位等を明確にする必要に迫られます。さらに，複数の資料元から表を作成すると，対象となるデータを集める際に，出所により指標や項目名が違う，数値が違うなど，戸惑うこともあると思います。しかし，指標の定義やそれに対応した資料を1つひとつ整理することを通じて理解は確実に深まるでしょう。

　一方，事実や実態の把握を研究の目的としてしまうと，「知ること」または「学習」で終わってしまいます。知ることは楽しい側面もありますが，それはあくまで分析を行うための手段と理解してください。自分の研究テーマにとり，いかなる事実や実態を知る必要があるのかを時々確認することが重要です。また，事実把握の対象を広げすぎると，論文構成としての収拾がつかなくなる恐れもあります。

第**4**章　エビデンスを提示しよう

（2）事実・実態の紹介と解釈

　実態研究の論文では，問題関心に見合った特徴を反映した要因や指標を選び，それを扱う資料や統計を使います。さらに，先行研究結果や理論等に対応させて実態を解釈するための見解を記述していきます。このとき大事な点は，①実態内容の紹介と，②実態内容の解釈とを区別して説明すること，つまり，どこまでが事実・実態で，どこからが自分の解釈かを区分することです。

　また，エビデンスを示す際，「事実の紹介」に終わってしまうことがないように，関連する理論，概念，専門用語を活用して1つの見解に沿って系統的に説明することが重要です。個人的な印象に基づくだけの説明や，主義・主張の表明や問題点の指摘だけでは評論に近いものとなってしまう恐れがあります。理論的視点や分析枠組を欠いた実態分析に陥らないことが大事です。そのためにも，先行研究結果との比較検討の視点を，可能な限り，定期的に，かつ十分に考慮する必要があります。

（練習問題）

　現時点で，皆さんが選択した研究テーマについて，「いかなるエビデンス（証拠）を示すことができたら，○○が明らかとなる」と考えますか。

　①示すべき証拠内容を，1～3行の文章形式で表現してください。

　②自分の命題と証拠の関係を，表または図の形式で例示してください。図はイメージ図でいいし，手書きでもいいです。

　A4用紙に，文章，1つの表または図を示してみてください。

69

第5章

自分の考えの正しさを確かめる方法（1）

——定量的分析——

　自分の意見や考えが正しいかどうかを確かめる方法，つまり，自分の見解の妥当性を検証する方法には，（1）定量的分析と，（2）定性的分析があります。定量的分析は，要因の数値や要因間の数量的関係についての分析を言います。また，定性的分析は，数値や数量では捕捉・表現できない質的要因，たとえば，豊かさ・貧しさ・幸福・困窮など金額や数量だけでは判断できないこと，人々の行動・意思決定に関わる認識・評価・見解などの要因についての分析を言います。5章では定量的分析を，6章では定性的分析を，説明します。

　ところで，研究対象が明確であったとしても，研究を進めるための基本的な情報やデータが既存統計で入手できないとき，たとえば，不特定多数の人や組織の意見分布を把握することが望まれる研究テーマについては，アンケート調査という資料収集方法が採用されます。既存統計では入手できない，または入手しにくい資料・データとして，中小企業・非上場企業・非営利組織の情報，個人の料金負担に関わる支払意思額，全国値と比較可能な地域社会固有の情報などがあり，そうしたデータを入手する目的で，し

第**5**章　自分の考えの正しさを確かめる方法（1）

ばしばアンケート調査方法が使われます。ただし，アンケート調査でえた数値データを処理する方法は5章で説明する定量的分析と変わらないので，5章での説明内容を参考として下さい。一方，非数量・定性的要因に関わるアンケート調査方法についての説明は6章の定性的分析の中（6章4節）で行います。

1　実証分析の手順と記述統計分析

（1）実証分析とデータベースの利用

　実証分析（empirical analysis）とは，主に事実・事象・実態に関わる統計・データや調査内容に基づく考察から進めることが基本となるでしょう。ここでいう事実とは，財政赤字や貿易黒字の金額，A社やB社の事業業績や市場シェアの差，地域資源の存在，法律や政策の変更などが例示であり，推測ではなく，事実や証左として数字等を示すことが可能な内容を指します。一方，ここでいう実態とは，一時的な事象や単年・単一時点での事実（数字）だけでなく，経時的な傾向や反復・再現される現象や，短期的には変化しない状況（社会科学領域では，それを構造的と呼ぶことがあります）などを指すことが多いと思います。

　しかし，上述しましたが，実証分析にも多様な形式があります。第1に，1つの事柄に関わる問題関心から出発し，研究対象の概況や実態を把握し，何らかの視点から問題点や課題を指摘する形式があります（その方法は理論に基づき決まった変数や要因の時間軸に沿った分析や，類似する項目間の関係性に関わる分析，事例調査研究などさまざまでしょう）。第2に，制度・政策の目的と実効性を点検

71

第Ⅰ部 研究（論文を書くこと）の基本的知識

する形式です。第3に，理論や概念を抽象的に検討するだけでは
なく，実態に対する理論の説明力を点検する観点を持つ形式です。
この形式の研究の一部では，実態に関わる統計・データを用いた
分析は行われますが，研究の中心や比重は理論の説明水準に置か
れていることが多いかもしれません。第4に，観察されている事
実（特定企業の業績水準，NPOの顕著な活動，国内生産量の段階的縮小
など）に注目し，まずは，事実・実態を把握し，そのような事実
が生じた理由や背景，そうした実態の広がり方に関する検討を行
う形式です。把握した事実の意味を解釈するときに，既存理論・
概念が援用される形式です。

　さて，実証分析に必要となる統計やデータについて，データベ
ースがすでに整備されているならば，データベースから研究の目
的や条件に合致した要因（変数・指標など）に関するサンプルを選
定します。他方，データベースが不完全で，断片的・部分的な資
料やデータしか入手できないか，一部は系統的に存在するが，あ
る時点以前・以降のデータ・資料が欠落している場合や，データ
ベースが存在しないか，何らかの理由でそれを利用できない場合，
分析に必要なデータを自ら収集し，自分用のデータベースを作成
する必要があります。

　ところで，集めた統計的資料や調べた資料を最終的にどれほど
自分の論文作成で使えるでしょうか。入手した文献・資料等をそ
のまま利用するという基準から見ると，利用度は5割に届かない
と思いますが，当初集めた資料は「既存の知識」を知り，自分の
考えを整理していくプロセスにおける間接的利用という点では大
半を利用しており，その意味でかなり重要な役割を果たしている

72

第**5**章 自分の考えの正しさを確かめる方法（1）

表3 記述統計

基本的統計情報を表示する形式

平均値	中央値	最大値	最小値	サンプル数
74	79	91	69	N=98

代表的組織や国の数値を表示する場合

A	B	C	D	平均値
80	77	91	69	74

に違いありません。

（2）記述統計分析

　データまたはデータベースを利用できる状況となったならば，最初に，記述統計（descriptive statistics）分析を行います。研究で着目する要因・変数に関わり，実際の分析に用いるデータをサンプルと呼びますが，記述統計とは，使用するサンプルデータの基本的統計情報のことです。基本的統計情報は，分析のために収集・集計し使用するデータの平均値，中央値，最大値，最小値，分散（データ数値の散らばり方），標準偏差の値など，サンプルデータ全体の基本的特徴を示します（表3参照）。それらの統計情報を見て，注目した要因（変数）ごとの数値的特徴や構成・分布形態などを把握します。

　記述統計分析は，実証分析の冒頭部分で考察対象に関わる全体像や概況を把握するため，広く使われます。例示すれば，産業構造や就業者構成，都市・地域の概況，企業の特徴や企業活動状況に関わる指標，各国経済概況などがあるでしょう。

第 I 部　研究（論文を書くこと）の基本的知識

　分析の初期段階（や必要な箇所）で，資料・データを一覧的に表示して，サンプルの全体的な特徴を把握します。その際，理論的視点や先行研究結果と比較する見地から，要因間関係を考慮して，それぞれの要因の数値の水準や要因間の共通点と相違点（または差異の原因や関連要因）を把握・確認することが望まれます。理論やその知識から予想された内容とほぼ一致することもあれば，予想外の内容を知ることもあります。ときには，記述統計分析の内容から，研究上の新しいヒントを読み取れることもあります。

（3）データ表示方法とエビデンスの解釈

　ある要因の数値（事実）が通念と反する値や特徴を反映していれば，何がしかのアピールができるかもしれません（マスコミが印象に訴える表現方法に近いです）。しかし，ある年・ある年度，1つの企業について示された1つの数値は事実でしょうが，限定的情報でしかありません。部分的に興味深い特徴が認められても，観察の日時や回数が限られ，偶然の要素を含んでいます。つまり，自分の見解を裏付ける上で，1つの事例や1つの事実だけでは説得力に限界があるので，対象に関わる条件（別の年・年度，要因）を追加して分析することが望まれます。

　たとえば，複数の事柄を対象とした数値や複数時点の数値（2007年と2017年の数値，同業のA社とB社など）は，単一対象や単一時点での数値に比べて数値や指標の情報量が少しだけ増えたという印象を与えます（複数の数値を示した意図や努力も感じます）。また，時間経過の中での変化や類似の事柄との比較という要素が加わり，最小限ながら，動向や傾向または相互比較の検討が進む

第5章　自分の考えの正しさを確かめる方法（1）

かもしれません。

　しかし，さらに厳密に言えば，2つだけの情報の場合，その複数時点間の動き，その数値の前後の時期の状況，あるいは，その周辺状況に関する情報は不明です。分析目的にもよりますが，可能であれば，中長期での推移，動向，経年変化をカバーするよう分析期間を長く捉えて，連続的で系統的または包括的な数値を示すことが望ましいと思います。中長期に及ぶ連続的指標を示すとダイナミックな動きや傾向的な変化を読み取ることができ，説得力がいっそう高まると思います。また，周辺状況について多くの情報が得られると，その中での共通点や個別の特徴を示すことができるかもしれません。

　他方，記述統計の「そのままの」数値を提示しただけでは説得力や独自性に限界があるので，分析目的に応じて，データを加工した結果を示すことも望まれます（それは意欲的に分析の努力をした結果と認められます）。とくに，先行研究結果と関連づけた分析結果を示すと，数値的な実態の直接的な比較ができます。数値データを比較分析する際，規模，構成比（その変化），序列化（順序づけ）など，絶対数値とともに相対比率（やその変化）を示すことは，分析視角を広げるので好ましいと思います。公表された「元の」数値をもとに，（ある基準や見解に基づき）加減乗除した加工値や自ら編集した値を示していくことにも挑戦してください。

　このように，研究領域や研究テーマにもよりますが，エビデンスの提示方法として，1つだけの統計数値を事実として提示する（たとえば，今期の売上高，来客数）だけでは論旨の説得力に限界があります。そこで，通常は，系統的な統計データ（記述統計）の

75

第 I 部　研究（論文を書くこと）の基本的知識

利用やそれを加工した結果（たとえば，全体に対する比率やその変化の状況）を示します。提示するデータやデータ分析結果を明確・明快に表示（とくに一覧表示）または図示した内容は，説得力を高めることができるし，系統的に作成された内容には努力を認められるでしょう。

（4）時系列とクロス・セクションという視点
①記述統計内容の表示

　要因や変数のデータや統計数値を表示する方法には，ある変数の数値を時間経過に沿って表示する形式（時系列（time series）と呼びます）と，取り上げた要因（変数）や指標の数値の，国別・地域別や，組織・企業間，産業間など，比較対象間における関係に注目した表示形式があります（クロス・セクション（cross section），ときには「ビトウィーン（between）の関係」と呼びます）。

　記述統計分析の一環として，たとえば，産業別にみた従業員一人当たりの付加価値額（産業別生産性），1 世帯当たり人員数の変遷，各国の失業率の推移など，分析目的に応じて整理した統計数値を例示してみます。**表 4 (a)** は，特定年での産業（分野）横断的な（クロス・セクションの）数値を示した例です。それは 2015 年における産業別の従業者一人当たりの付加価値額を示しています。**表 4 (b)** は，同じ指標の時系列の数値を示した例であり，1920 年から 2015 年における世帯当たりの人員数を示しています。**表 4 (c)** は，国や産業など分野横断的な数値と時系列の数値をともに示す例として，2000 年から 2014 年における各国の失業率の推移を示しています。表 4 (c) から，各国の失業率の時系列の数

76

第**5**章 自分の考えの正しさを確かめる方法（1）

表4(a) 従業員一人当たり付加価値額（2015年）

（単位：万円）

産業（または業種）	金額
農林水産業	458
建設業	804
製造業	829
うち，食品	533
うち，化学	1345
うち，輸送用機械	1077
電気業	2844
ガス・熱供給業	2206
情報通信業	1152
運輸・郵便業	685
卸売業・小売業	640
不動産業	1651
物品賃貸業	1091
サービス業	521
うち宿泊業，飲食サービス業	394
うち，生活関連サービス業	501
うち，学術研究，専門・技術サービス業	905

出所：『財政金融統計月報』法人企業統計年報特集，774号，2016年10月，56–61ページ。

値を読み取ることができるとともに，特定年での各国間比較もできるとわかります。

　さて，学生の皆さんが扱う見解や仮説の大半は，要因間の因果関係や（クロス・セクションの関係における）比較分析に関わるのではないでしょうか。記述統計分析では，それぞれの変数の値が平均値と比べていかなる水準にあるか，比較対象間でどれほど個別

77

第Ⅰ部　研究（論文を書くこと）の基本的知識

表4 (b)　東京都区部の1世帯当たり人員

年	人員数
1920	4.76
1930	4.99
1940	4.72
1950	4.29
1960	3.82
1970	3.09
1980	2.58
1990	2.38
2000	2.13
2010	1.97
2015	1.93

出所：大都市統計協議会編集『大都市比較統計年
表』2015年，20ページ。

表4 (c)　失業率

（単位：％）

国＼年	2000	2005	2010	2014
日本	4.7	4.4	5.1	3.6
アメリカ	4.0	5.1	9.6	6.2
カナダ	6.8	6.8	8.1	6.9
イギリス	5.4	4.8	7.8	6.1
ドイツ	7.9	11.2	7.0	5.0
フランス	8.6	8.9	9.3	10.3
イタリア	10.0	7.7	8.4	12.7
スペイン	11.9	9.2	19.9	24.5

出所：労働政策研究・研修機構『データブック国際
労働比較』2016，141ページ。

第**5**章　自分の考えの正しさを確かめる方法（1）

的に特徴があるか，どれほど共通性があるか等に注目してみます。また，傾向を探る目的で，変化が一時的に過ぎないか，ある時点や時期の前後でその要因（変数）の数値や性格が（構造的に）変化していないかなどを検討することが多いと思います。

　②実証的検証

　実証的に「検証する」とは，理論が説明している内容（または仮説として集約した見解）が，実際に観察されるかどうかを確かめる作業です。つまり，4章1節で説明した通り，自分の見解や仮説の妥当性（または「確からしさ」）を，資料・データ等を用いて証明することを指します。しかし，自分が関心を持った1つの（特定の）事象や現象を，単一の要因で説明できるとは限りません。むしろ，そうした状況は少ないと思います。そこで，多数要因が関わる状況における要因間の関係について，それら多数の要因を列挙するだけでは，原因と結果の関係が不明なままとなります。たとえば「若手が開発に参加し，新商品を発売した。同時に，広告宣伝費や営業人員を増加したことで，売上高が伸びた」。この表現だけでは，売上高が伸びた主要因が何かについて，不明のままです。

　検証方法として，統計的検定を行わない場合でも，一般に，要因（変数）の中長期的な推移を考慮できるような検討期間を取ることが望まれます。着目した1つの指標の傾向や変化を見て，それを引き起こしたであろう要因や両者（変化や結果とその要因）の関係を探ってみます。また，研究テーマ次第ですが，検討を要する論点や課題に関わる情報が十分に示されていれば，それぞれの

79

第Ⅰ部　研究（論文を書くこと）の基本的知識

要因（変数，指標）に関わる資料・データや事例を提示することで，多少の説得力は出てくると思います。

（5）時系列分析とクロス・セクション分析

　時間軸に沿う統計手法を使った分析（時系列分析と呼ぶ）においては，対象となる変数の値が特定水準に収束する（一定の水準やある方向に向かう傾向性を持つ）かどうかや，時間経過の中で規則的・周期的に変動することがあるかを確かめていくので，時系列分析を行うためには短期間のデータだけでは困難です。

　他方，各国間での成長率と失業率の関係や，企業間での特定要因（変数）と利益率の関係など，（何らかの）成果を反映する指標の水準に差があると観察されるとき，特定要因と成果要因の間に一定の関係が認められるかどうかを点検することは日常的な検討作業です。たとえば，要因Ａの数値が大きい国，産業，企業では，要因Ｂの数値も同様に大きい（または，要因Ａは要因Ｂを決定している）かどうかを確かめる場合などです。着目した要因（変数）ＡとＢが，同じ時点で各国間・地域間・産業間・企業間・組織間または項目間において，比例や反比例またはそれ以外の形態（2次関数ほか）での関係があるという理論的見解や自分が設定した仮説を，統計データにより検討する方法を「クロス・セクション分析」と呼びます。クロス・セクション分析は，さまざまな国，産業，企業，部門，項目の間を横断する形で（どの国や企業等においても），着目した要因（変数）間関係が成り立つかどうかを調べる方法です。

　クロス・セクション分析に補足として言うと，ある時点での調

80

査対象に関わるデータを，調査対象は同じままで複数時点についてのデータ結果を合体したデータの集合を「パネルデータ」と呼びます。形式的には複数年分のクロス・セクションデータを束ねたデータと似ています。しかし，調査サンプル対象が必ずしも同一でないクロス・セクションデータを複数年（年度）分，単に結合しただけのデータではなく，パネルデータとは，各年（年度）の調査対象がすべて同じである点に大きな違いがあります。複数時点に関しても調査対象が同一であれば，時間経過の中で特徴の共通した変化を調査対象が示すかもしれないので，同じ調査対象の行動や特徴の量的・質的な変化を確かめることが可能となります。そのような変化の実態や変化の特徴を分析することが，パネルデータ分析の狙いです。

　なお，経済学や経営学の理論に基づき統計的検定を行う手法は計量経済学，経営統計と呼ばれています。統計的検定の詳細は，専門文献を参照してください。

（6）記述統計分析とサンプル分割

　記述統計分析では，研究目的に応じて，サンプル全体（あるいはサンプルを構成する各部分）の特徴を比較分析していきます。その際，全サンプル値を座標軸に点描（プロット）し，サンプルごとの水準やサンプル値の散らばり方（分布）を概観し，サンプル値の特徴やサンプル（変数）値間の差を視覚的に把握する方式を，標本データの「散布図」と言います（経営学では「マップ図（ポジション図）」と呼ぶこともあります）。散布図（マップ図）はサンプル値の点描なので，どのような形状になるかは，縦軸と横軸にいか

第Ⅰ部　研究（論文を書くこと）の基本的知識

なる要因（変数）をとるか，どのような2要因を関係付けるか，つまり，図を作成する人の分析目的に依存します。また，点描図を見た後で，軸の尺度を対数化するなど，目的に応じた作業がなされることもあります。

　たとえば，企業規模を反映するデータの散布図では，しばしば，小規模領域にサンプルが集中します。数値（自然数）で見たサンプルの分布に大きな偏りがあるとき，絶対的に大きい数値のデータ数がわずかで，相対的に小さい数値の多くのデータ数が狭い値域内に密集している場合などでは，データ数値の対数値をとり，分布全体を平準化することが適切かもしれません。分析上の操作としてはデータ数値を対数化する，つまりlogをとることです。

①変数間の相互関係

　目的や関心に応じた分析を行う前に，記述統計における変数間の相互関係を点検しておきます。たとえば，経済学の試験で平均点以上の人が，経営学の試験でも平均点以上かどうか。または成長率が高かった企業や国とその利益額や失業率の対応関係を把握することが例です。一般に，サンプル（変数）の平均値を基準として，その平均値より高いグループと低いグループに分けることができます。要因A，Bについては，たとえば平均値より高いか低いかで4つのグループに分けることができます。また，ある状態・条件や行為の有無（X＝0，1）を基準とすると，YやZを2つのグループに分けることができます（図9）。このように，条件に応じてサンプルを分割し，複数項目に関わるグループの数やその特徴を検討することを「クロス集計分析」と呼びます。

82

第5章　自分の考えの正しさを確かめる方法（1）

	A≧70	A<70
B≧75	10	35
B<75	40	15

	X=0	X=1
Y	70	30
Z	55	45

図9　クロス集計分析

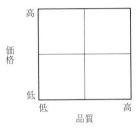

図10　ボックス型図式

　また，製品・サービスや市場や技術の新旧，取り組み姿勢の積極性の有無や戦略の違いなど，量的側面ではなく，特徴による役割・機能区分など非数量基準に基づき，サンプル全体を分類・分割することもあります。図10では価格と品質で区分しています。数値基準（高い，低い）だけでなく，定性的特徴（内部と外部，優劣など）を基準としてそれぞれの特徴を検討することができます。サンプル対象を定量・定性基準で分割（類型化）して示す形式を「ボックス型図式」と呼びます。ボックス型図式には，1つの要因・変数のサンプルを二分することが多く，組み合わせ方として，2×2の4通りの分割形式が多用されます（図10）。

第 I 部　研究（論文を書くこと）の基本的知識

┌─■□**コラム　11**□■─────────────────────

実態の変化や違いを明確に示す表現

　「分析の要点」を明確に示すと，説明のわかりやすさや分析結果の訴求度または説得力を高めます。たとえば，従来の分析結果との違いがわかるように表示します。そのとき，1）規則性や特徴を反映する指標を示す。2）指標のなかに複数の特徴を見いだせる，3）従来結果と違う特徴を見いだせる，と指摘することが代表的な着眼点と言えます。また，こうした視点に基づき，それら指標の特徴を反映させた表や図を作成するには，縦軸・横軸の取り方が最も重要となるでしょう。作成された図の縦軸・横軸に示された要因（変数）名を見ると，作成者の考え方，ときには，その図の独自性を読み取ることができます。いずれにしても，わかりやすい図は説得力を高めると思います。

└─────────────────────────────────────

　②サンプル分割の例示

　たとえば，2017 年現在，日本の非正規雇用者は約 2000 万人います。それを雇用形態別，年齢別，性別などの属性別に区分してみると，雇用者全体（全サンプル）を一括して見た結果とは違う状況や特徴があると気付きます。とくに性別で見ると正規雇用者比率がかなり違うので，研究の目的次第では男女を区分した研究が必要となるでしょう。また，雇用者の給与水準を分析するときにも，雇用者総数を正規・非正規に分割して，それぞれについて分析する必要を感じます（ちなみに，非正規雇用者比率は，日本全体では 37％，男性では 22％，女性では 56％です。非正規雇用者の給与水準は正規雇用者の概ね半額以下です）。これはサンプルの記述統計を見た段階で得られる情報に基づく，その後の分析上の対応です。

84

■□ コラム 12 □■

加工データの表示方法と解釈

　研究テーマに応じては，生の数字（規模の指標）だけでなく，一人当たり，一社当たり，または投資額に対する値など，比率・割合の指標を示すことが望まれます。経済・経営系など社会科学領域では，成長率，増加率など変化率を扱うことが多いですが，水準と変化率の関係において，指標の数値（水準）が低いほど変化率は大きな値になり得ると認識しておくことが解釈に際しては大事です。つまり，図11に示した通り，2つの比較対象について同じ金額や数量の変化分（増分）であっても，当該変数の元の値が小さい，または水準が低いほど，成長率または変化率が大きくなります。大きな国・組織と小さな国・組織の間で，同額の増分があったとしても，国・組織の規模に応じて変化率が異なります（大きな国・組織にとっては増加率が小さくなり，小さな国・組織にとっては増加率が大きくなります）。比較する目的にもよりますが，解釈時の注意が必要です。

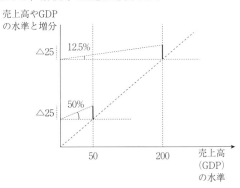

図11　水準，変化分（増分），変化率

第Ⅰ部 研究（論文を書くこと）の基本的知識

こうした情報や状況を考慮せず，分析結果を解釈すると結論はかなり違うものとなるでしょう。よって，データ分析の最初に記述統計を行い，記述統計の結果を確かめて，サンプル全体の特徴やサンプルを構成する各部分サンプル間の関係を組み合わせて，研究目的に応じた条件別の分析を行うことが適切となります。

2 相関関係と因果関係

まず，相関関係と因果関係の違いについて説明します。

理論では，要因が引き起こす影響やその結果として生じる状態を，原因と結果の関係，要因と帰結の関係などと捉えて説明する特徴を持っています。しかし，実際の結果や状態を引き起こす要因や原因は1つだけとは限りません。複数の要因が特定の結果や状態をもたらすことも考えられますし，複数の要因同士が相互に影響しあう関係にあるかもしれません。つまり，経済・経営系など社会科学領域の研究において，要因間，変数間の関係が理論的な仮説の形でさまざまに想定されることは珍しくないわけです。

（1）相関関係

相関関係とは，変数Aが増加するとき，変数Bも増加または減少する関係など，ある要因（変数）と別の要因（変数）とが同調的な動きを示す関係を言います。たとえば，「商品Aを買う人は，商品Bを買っている」「売上高が大きい企業ほど，広告費も多い」「新製品比率が高い企業ほど利益率が高い」「高齢者の就業率が高い地域では，高齢者医療費が少ない」。これらの関係にお

第5章　自分の考えの正しさを確かめる方法（1）

図12　因果関係

いて，2つの事柄が関連して発生しただけであれば，必ずしも因果関係とは言えません。つまり，両者は正比例または反比例の関係（統計分析の中ではプラスまたはマイナスの相関係数を持つ関係。つまり，Aであるほど，Bである傾向が強い）にあるだけで，一方が他方を説明する（決定する）関係ではないかもしれないのです。たとえば，日常用語でいうと，「私が出かけるときには，雨が降らない」という発言の是非を考えてみてください。

（2）因果関係

因果関係について確認してみましょう。因果すなわち原因と結果の例として，たとえば，「円安になると，輸出が拡大する」「借入金利が下がると，投資が増える」という関係があります（図12）。経済・経営系など社会科学が対象とする現象では単純な因果関係ばかりではありませんが，経済活動に関わる日常的な仮説をあげると，「所得が増えると，消費が増える」「猛暑となると，ビールが売れる」「円安になると，輸出が拡大し，さらには，成長率が高まる」「イノベーションに熱心な企業は，売上高が増進している」という見解があります。さらに，「この弁当は先週多

第Ⅰ部　研究（論文を書くこと）の基本的知識

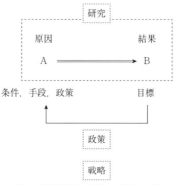

図13　因果関係と目標・手段の関係

く売れた。よって，今週もよく売れるだろう」「○○がよく売れている。ゆえに，景気がよくなる」「地域外からの来訪者が増加したので，地域が活性化する」など，日常的にも学術的・政策的にも，無数に見つけることができます。どの仮説が説得的であるか，なぜ説得力を持つか，持たないかの理由を考えてみてください。

　社会科学領域に限りませんが，原因と結果の関係についての検証は，研究（または，論文作成）の世界では根本的に重要です。原因と結果の１つひとつの関係が積み上がったものが，理論を構成しているとさえ言えます。また，原因と結果の関係が成立する（と認められる）場合，その「結果に相当する状況」を生み出そうと望むならば，原因と結果という因果関係を逆にして，その関係における「原因の状況」を形成すればよいことになります。政策や戦略を立案する次元では，「狙いとする結果」を政策目標または戦略目的と呼び，「原因とみなされた要因」は政策的手段また

第5章　自分の考えの正しさを確かめる方法（1）

図14　要因を多数列挙

は条件整備すべき事項となります（図13）。

　次に，原因と結果の関係において，原因とみなされる要因が多数列挙される場合を考えてみましょう。自分が着目している事実（B）を決定する要因は何か。調べてみると，A，X，Y，Zの要因がBに影響しているとわかった。しかし，「Bの状況をもたらすのは，A，X，Y，Zである」というような羅列的な表現では，候補となる要因が列挙ないし併記されているにすぎません（図14）。実は，要因A，X，Y，ZはCという結果も生み出し，CがBに影響しているかもしれないのです。これらの因果関係を明らかにするためには，要因間の関係を論理的に説明することはもちろん，真に分析するためには，統計的検討（検定）を通じて，注目した事実（B）をもたらす要因やそれとは別の要因との関係を明らかにすることが望まれます。つまり，論文では，各要因間の関係の中の優先度（説明力の強さ）を可能な限り判別することが求められているわけです。

第Ⅰ部　研究（論文を書くこと）の基本的知識

3　検定と統計分析手法

　この3節は，統計分析を行う予定がない人は，読み飛ばしてか
まいません。

　さて，記述統計分析のあと，統計的検定など，さらなる統計分
析を行う手順について，もっとも基本的な事柄を概説します。ま
ず，統計データや数値データを統計的に分析（検定）する代表的
方法として，サンプル値の差の検定，相関係数分析，回帰分析な
どの手法があります。また，仮説検証型論文の場合，自分の見解
や仮説の妥当性を検証するには，統計的検定を行い，統計的説明
力の強さを客観的に確かめることが一般的です（統計的説明力や回
帰分析等の推定式などは，（2）以下で概説しています）。

（1）データの整理と差の検定

　サンプル全体（母集団）についての記述統計分析を行った際，
ある1つの要因（変数）のなかに異なる特徴を持つ要因が混在ま
たは併存しているのではないかと感じることがあります。つまり，
サンプル全体を1つと見るよりも，複数のグループと見る方が適
切である印象や直観を持つときです。全サンプルを分割した部分
サンプルグループ間の数値に「統計的に意味を持つ差（統計的に
有意な差と言います）」があり，「分析上も区分して扱うことができ
る対象」と厳密に確かめるためには，統計手法を用いた「差の検
定（統計的検定）」を行う必要があります。

　一般に，サンプル間，または，変数や要因の間に統計上考慮す

90

べき関係があるかどうかも，統計分析に基づいて判別することができます。その判別を行うためには，統計分析の仕方や分析結果の解釈の仕方を学習しておくことが必要となります。

（2）相関係数分析と回帰分析

　実際に観察できる要因や変数を，統計的手法を用いて分析する場合，最初に，相関係数分析を行い，次に，回帰分析などを行っていくのが基本的な手順です。分析の順序として，回帰分析を行う前に，変数（数値）間の関連度に関わる相関係数分析を済ませておくことを理解しておいてください。

　以下では，相関係数分析，回帰分析，決定係数について順に説明していきます。

①相関係数分析

　サンプルデータについて計算された相関係数（coefficient of correlation）は，変数Aに着目すると，AとB，AとC，AとD……の関係を表します。変数Bに着目すると，BとA，BとC，BとD……という形式で表示されますが，AとB，AとCと，BとA，CとAの相関係数は同じ値となります。そこで，通常は，**図15**（3変数の場合ゆえ3×3の半分を表示しています）のように，対角線を挟んで上半分か下半分のいずれかのみを示します。そのとき，「相関係数分析」とは，1つひとつの相関係数の統計的有意性を確かめることを指します。算出された相関係数は，標本（サンプル）数に応じて統計的な有意性の基準が変わる点にも注意が必要です。なお，繰り返して言いますが，相関係数は要因や変数の間

第Ⅰ部　研究（論文を書くこと）の基本的知識

	A	B	C
A	–	0.88	0.13
B		–	0.45
C			–

図15　相関係数表

の比例的関係の強さに関わる係数であり，因果関係を意味するものではないことを忘れてはなりません。

②回帰分析（regression analysis）

要因（変数）間の関係やある事象での関係を説明する論理において，原因が結果（または要因が成果）を一定程度以上に（統計上有意に）規定する関係を「因果関係」と呼びます。

　実際の分析では，特定の成果要因（変数）に関する個別の説明要因・規定要因（変数）の説明力を問う作業を行います。統計分析では，関心対象の要因（「被説明変数」と呼びます）に対して，その動きを規定する原因となる要因（「説明変数」と呼びます）の説明水準を，統計計算の結果から判別します。統計的に有意な関係が認められるかどうか，関係や影響の符号はプラスかマイナスか，被説明変数に対する影響の度合（係数の有意性の強さ等）はどうかを分析することになります。回帰分析は，原因が結果（要因が成果）を規定する関係を統計的に分析する1つの代表的な方法です。

③単回帰分析と重回帰分析

　1つの結果（状況，状態，水準を示す数値や指標が多く，決定・被決定の関係を表す推定式の中では，「被説明変数」と呼ばれる）について，原因となる変数（または，結果，業績，状況，状態を決定する「説明変数」）の数が1つだけの場合の分析を「単回帰分析」といい，原因となる変数（または説明変数）の数が複数の場合の分析を「重

第5章　自分の考えの正しさを確かめる方法（1）

回帰分析」と言います。

説明変数と被説明変数の関係は，①単一要因と単一結果・単一成果の関係（単回帰分析に対応する），②複数要因と単一結果・単一成果の関係（重回帰分析に対応する），③複数要因と複数結果・複数成果の関係（それ以外の分析手法に対応する），などに分かれます。図16に示したとおり，①は，AとB，②はA，B，CとX，③はA，B，CとX，Y，Zに対応する関係です。

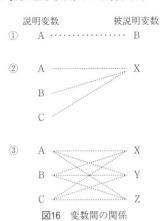

図16　変数間の関係

回帰分析では，結果や成果とみなされている変数（被説明変数）の数値が，原因または決定要因となる変数（説明変数）の数値によって，どれほど決定（規定）されているか，または，どれほど影響を受けているかという関係を探ります。いま，変数yが変数xに依存するとき，または，変数xが変数yの動きをある程度は決定しているとき，何らかの決定関係が成立しています。それを関数の形で示すと，$y=f(x)$と表現されます。たとえば，yが利益率としたとき，xにはさまざまな要因があり，「利益率の決定要因として，広告費比率の説明力が一番大きい」「輸出比率が高い企業ほど，利益率が高い」「新製品販売比率が高い企業ほど，利益率が高い」などの考え方（仮説）に対応した関係を表しています。

回帰分析では，検討対象となる結果や事柄（被説明変数）をい

第Ⅰ部　研究（論文を書くこと）の基本的知識

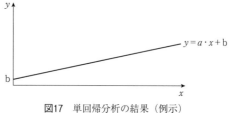

図17　単回帰分析の結果（例示）

かなる要因（説明変数）で説明するかに関する仮説を，関係の推定式（「推定モデル」ともいう）に表します。そして，関係性があるとみなす仮説が妥当かどうか，各変数の説明力の大きさを確かめます。yの水準がxの値に依存して決まる場合，それはイメージ的に，被説明変数に対する説明変数の決定式として，一般的な関数形では$y=f(x)$と示すことができます。

　yがxの1次関数式で決定される（それは$y=a\cdot x+b$の形式で示される）とみなして，単回帰分析を行った結果，説明変数の係数 a がプラスまたはマイナスで，統計的に信頼できる水準と認められたならば，それはyがxの正比例か反比例の決定関係にあることを意味します。それは，**図17**のように示すことができます（a が正の値として表示）。そこでは，xが1単位増えるときに，xの係数値（a）とxを掛け合わされた分（$a\cdot x$）だけ，yは変化しますから，たとえば，yを消費支出額，xを所得収入とすれば，労働者の所得収入が1万円増えたとき，消費支出額は a×1万円だけ増える関係にあると示しています。また，仮にxがゼロであっても，y軸の切片値（b円）だけの消費がなされることを意味しています。このように，原因となる変数（説明変数）は，結果とみなさ

第**5**章　自分の考えの正しさを確かめる方法（1）

れている変数（被説明変数）の動きを決定ないしは規定しています。ちなみに，y が x の 2 次関数の値に依存するのであれば，推定式は，$y = a \cdot x^2 + b \cdot x + c$ と示されます。

　一方，説明要因が複数ある場合の関数形は，説明要因を x_1，x_2，x_3 としたとき，$y = f(x_1,\ x_2,\ x_3)$ と示されます。説明要因が複数ある場合の関係についての回帰分析を，「重回帰分析」と呼びます。推定される式は，たとえば，y が x_1，x_2，x_3 の 1 次関数式であるならば，$y = a_1 \cdot x_1 + a_2 \cdot x_2 + a_3 \cdot x_3 + b$ の形で示されます。

　重回帰分析では，推定式全体の説明力（統計的な有意性の程度）（R^2），つまりは関数関係として捉えたことの妥当性を推定する（または検定する）と同時に，推定式の右辺に列挙した説明変数（x_1，x_2，x_3……）の各係数の説明力を推定（検定）することになります。各推定式自体の統計的な有意性（説明力，R^2）と，各変数（x_1，x_2，x_3……）の係数の統計的な有意性との関係を混同しないように注意してください。この点については，次節で再度説明します。

　ところで，検討したい説明変数間（あるいは説明要因間）に「比例的関係」があるかどうかを知る（把握する）ために，先に，相関係数分析を行いました。説明変数間に有意な相関関係が見出される場合，それらの説明変数を同じ 1 つの推定式の中（右辺）に含めると，それら説明変数間に相互干渉が生じます。それを多重共線性，または「マルチコリニアリティ（multicollinearity），略称，マルチコ」と呼びます。多重共線性が生じると，重回帰分析の推定結果（とくに説明変数の推定係数）が統計的に意味を持たなくなるので，重回帰分析の際には，相関関係を持つ説明変数を 1 つの

95

第Ⅰ部　研究（論文を書くこと）の基本的知識

推定式（右辺）のなかに同時に含めないように，推定式での説明変数の組み合わせ方を考慮する必要があります。

　統計的検定のための推定式を導出する手続きについては，計量経済学や経営数学の概説書を参照してください。

　④回帰分析の計算結果をどう理解するか

　計算（推定）された結果が，統計的にどれほどの説明力を持つかは，回帰分析式の計算結果に表示される「決定係数（coefficient of determination）」の数値（100％表示）で判断します（実際の分析では自由度修正済み決定係数（Adjusted R^2）の値を用います）。これは計算（推定）された１つひとつの式がどれほどの信頼性を持つか（推定式の説明力）を意味していて，個別の要因（説明変数の係数）の説明力を示すものではない点に気を付けてください。

　個別要因（説明変数）の説明力は，回帰分析で計算された個別要因（説明変数）ごとの係数（上の例では，a_1，a_2，a_3を指します）が統計学的に意味を持つ（統計的に有意である）かどうかを見て確認できます。詳しく言えば，「係数値が意味を持つ」という仮説が統計的に否定できないと検証すること（「棄無仮説」の統計検定）を通じて，係数が統計学的に意味を持つ，つまりは，現実に説明力（決定力）を持つと確かめるわけです。それは，係数の計算結果に付随して示される t 値や標準偏差の値の大きさ（水準）等で確認します（当該説明変数の係数が統計的に有意なことの一般的な目安は，スチューデント t 分布の t 値が２より大きいこと，または説明変数の係数の値がその係数の標準偏差の値の２倍以上となっていることなどです。厳密に言うと，サンプル数に応じて統計的な有意性の基準は異な

96

第**5**章　自分の考えの正しさを確かめる方法（1）

━━■□　コラム　13□■━━

その他の統計分析手法

　以下の方法は，中級レベル以上の分析方法です。

①　「差の検定」と分散・共分散分析

　サンプル全体を複数のグループに分け，グループ別サンプル値の間の違いが統計的に意味のある差と言えるかどうかの検定を「差の検定」と呼びます。「差の検定」は，サンプル（標本）値のグループ（群）間での散らばり方について，ある要因がサンプル全体をグループ分けすることに対する妥当性（統計的な説明力）を持つかどうかを検定する場合に用いられる手法です。それは，全サンプルを常に１つのまとまった対象として分析するのではなく，サンプル全体を複数の部分サンプルまたは複数のグループに分割して分析することが，恣意的ではなく統計的な裏付けを踏まえて妥当かどうかを判定する統計手法とも言えます。統計学の用語を使って言えば，分散はサンプル平均値からの誤差についての値で，共分散は各変数値の推定式（回帰式）上の値からの誤差についての値です。たとえば，回帰分析の係数が有意であるとき，さらに回帰式ごとに共分散の有意性を検定する方法（グループ（群）別回帰分析）がよく用いられます。

②　プロビット分析またはロジット分析

　たとえば，参入や撤退，投資を決定したか，またはそうした行為をしたか，しなかったかなど，選択した形態や結果，状態などを反映する変数（被説明変数）に関わるデータの値が０か１の２つしかない場合，通常の回帰分析では０を対象とする（統計データに０を含む）検定を行えないので，プロビット分析またはロジット分析などという名称の分析手法を使います（ただし，その決定係数の水準は通常の回帰分析での水準より低くなります）。また，被説明変数が１から２，３，

97

第Ⅰ部 研究（論文を書くこと）の基本的知識

4 などの序数的特性の場合，順位プロビット分析など，さらに別の手法があります。

③ 因子分析

説明したい事柄に対してそれを規定する特定要因・変数，あるいは要因間・変数間の関係が理論的に定まっているとは言えない場合，また，説明したい事柄に直接関連するデータは入手できないが，それらに関連しそうな多数の要因や変数のデータを利用できる場合などを中心に，クラスター分析や因子分析など多変量解析と呼ばれる手法を用いることがあります。この作業を通じてサンプルの特性をおおまかに3〜4のグループに分類し，その後，それらグループ間の関係，またはグループ内の特性を反映する要因・変数間の関係を探るために，回帰分析や分散共分散分析などの方法を用いて分析していきます（詳しくは統計分析の文献を参照してください）。

ります。統計学の概説書を参照してください）。つまり，t 値や標準偏差の値に応じて，たとえば，「1％水準で有意である」と言明していきます（それは「仮説の棄却率は1％以下である」，つまり，「99％以上，そう言える」ということを意味しています）。

なお，回帰分析に関連して注意しなければならない誤りの例として，入手したデータの投入時点と産出時点，または行動時点と結果時点を無視して計算し，「2017 年の輸出比率が高い企業ほど，2007 年の利益率が高い」などと表現する計算結果は，投入・活動時点と産出・結果時点が逆転しているので，仮に統計的に有意な値（関係）が示されても，経済・経営系など社会科学の領域では，論理的に意味を持たないことに注意が必要です。説明変数と被説明変数の理論的・時間的因果関係に留意する必要があるわけ

第**5**章　自分の考えの正しさを確かめる方法（1）

です。

　一方，時系列データに関わる統計分析では，時間経過の中で，特定要因（被説明変数）の変化の仕方を決定する別の要因（説明変数）の説明力を確かめることを目的としています。ただし，ある特定要因（被説明変数）の過去の動きや特性が，その同じ特定要因のその後の動きや特性を規定するという「自己相関性」（被説明変数が時間経過の中でその変数自体の後の時点での水準を決定・影響する性質）が強いかどうかを点検する必要があります。そのため，たとえば，ダービン・ワトソン比（DW比）と呼ばれる係数などを用いた点検作業を行います。DW比は概数として2以上であれば自己相関性はないと理解されています（検定法は他に多数あります。詳しくは統計関連の文献を参照してください）。

（3）統計分析の手順──確認とまとめ

　まずは，自分の見解や仮説が正しいかどうか（妥当性）を検討するために必要な資料・統計データとして，既存のデータベースを利用できるか，そうでなければ，自分のデータベースを作成しなければならないかを確認します。データベースを利用できるようになると，最初に，記述統計分析を行います。その際に，従来の研究結果や一般的統計値と対比して，サンプル全体の基本的特徴を反映するように記述統計を示します。

　また，記述統計分析での特徴，条件に応じてクロス集計分析した結果や，サンプルデータの実際の分布（散布図等）を見るなどして，必要に応じて，サンプル対象を分割して分析します（その他，研究関心やサンプル特性に応じて，データの対数処理や，より専門

99

第 I 部　研究（論文を書くこと）の基本的知識

的な統計手法を用いた検定等の分析を行います。コラム 13 参照)。

　最後に，相関係数分析と回帰分析の分析順序として，相関係数分析を実施した後，回帰分析を行うことを忘れてはなりません。因果関係と相関関係を混同しないことが大事です。

　回帰分析に関する説明はこれで終わります（計量経済学，経営統計の文献を参照してください）。

4　実態把握に力点を置く研究

　法制度や政策の変更またはイノベーションの登場に伴い，従来は存在しなかった事業領域や新しい活動が生まれたなど，技術や仕組みの変化が激しい分野に関わるテーマでは，実態把握の力点が大きくなると思います。実態の特徴を「分析する（考える）」前に，実態を「把握する（知る）」ことが一定程度，求められることとなります。たとえば，産業や企業・非営利組織の実態分析，社会政策の対象となる困窮・格差・ミスマッチの実態，市場メカニズムが働かない領域，政府規制の領域，人的能力の向上や評価などに関わるテーマでは，ある程度の実態把握がなければ，理論的な説明だけでは研究内容（論文）が十分な説得力を持たず，ときには，空疎になることがあります。つまり，純粋な理論や概念だけでは実感や説得力のある説明が付かないのです。3 章 3 節で説明した「探索的研究」は，このような実態に対応する理論的説明が不備な状況に関心を持つ場合の研究方法と言えます。

　さて，実態把握に力点を置く研究では，第 1 に，経済や社会の制度・政策とその効果，影響など，また産業・企業の事業概要，

100

■□ コラム 14 □■

演繹法と帰納法

　演繹法とは，理論や概念を論理的に検討し，新しい命題や見解を導くことを言います。他方，帰納法とは，統計データ（数値）や資料（文書，図表，分類内容）をもとに考察し，事実・実態情報の分析を通じて，研究テーマにおける要因（変数）間関係の新たな規則性を見出すことや，理論的アイデアや見解ないしは検討すべき仮説を抽出・提示することを言います。演繹法と帰納法の違いを図示すると，図18のようになると思います。

図18　事実と論理の突き合わせ

沿革，最近の課題などを理解するために，関連する事例・事項を分析することが多いでしょう。しかし，実態把握は単に事実を知ることや知識を拡充することだけを目的としていません。先行研究の内容や理論的な視点と結び付けて，自分のテーマに関わり重要と見なしている（決定）要因の動きや働きなどを分析すること，および，それらの時間経緯のなかでの変化の原因を探ることが重要となります。

第Ⅰ部　研究（論文を書くこと）の基本的知識

　第2に，自分が事実や実態資料を整理した結果と，先行研究結果との違いを比較して示すことが大切です。事実に基づく比較分析とその分析結果の解釈，研究テーマに関する全般的な理解や研究テーマについての全体的な問題点または部分的・周辺的問題点の関係を考えながら，段階的に検討・考察を進めていきます。

　ところで，図書館やインターネットで調べることができる情報，いわば「机の上での情報」としての統計や資料を見るだけでなく，必要に応じて「現場」を訪ねて，「現場」の実態や状況や雰囲気を知る，または「現場」の声を聞く方法もあります。このときは，実態の観察，測定，歴史資料，聞き取り（ヒアリング）調査して得た内容を，理論や「机の上での情報」データ分析の内容と関係づけ，その意味を検討していきます（6章3節も参照）。

　「机の上での情報」と「現場の情報」をともに用いた検討を進める際には，事実の説明と事実に関わる分析結果を混同せず，事実の紹介と事実の解釈や自分の意見とを区別して記述することが重要です。また，分析結果の解釈は印象のみに依存せず，先行研究結果との比較検討を基本として，理論・概念・専門用語を使って解釈することが望まれます。可能であれば，実態を分析・把握してわかったことを一覧的に整理していくと研究の成果もいっそう明瞭となるでしょう。

（練習問題）

　自分の見解の正しさ（妥当性）を確かめるために，どのような内容の論拠や証拠を示すことが望ましいと思いますか。具体的に説明してください。

102

第6章

自分の考えの正しさを確かめる方法（2）

——定性的分析——

1　非数値・数量型の資料・情報による分析

　研究テーマが「机の上での情報」では考察できない場合，あるいは，一般的な資料や統計データの情報からだけでは実態を十分に把握できない場合には，理解も検討もできないこととなります。こうした場合，「現場」を訪れて実態やテーマに関係する状況を観察することや，当事者の声を聞くことを通じて，研究テーマについての問題点や課題に関する理解を深め，研究することが重要となります。「現場」の実態を調査することや「現場」の人の説明や意見を聞くことのうち，数値・数量的指標では把握できない内容や側面を検討すること，つまり，非数値型の資料や情報に基づいて分析することを，「定性的分析」（または「質的分析」）と呼びます。それは，価格や数量で表示された統計データなどに基づく定量的分析と対比した表現です。

　定性的内容に関わる研究テーマを研究する方法として，（1）事例研究（事例分析ともいう），（2）現地（訪問）調査（フィールド・スタディ），（3）（非数値要因を含む）アンケート調査，それら

103

第Ⅰ部　研究（論文を書くこと）の基本的知識

を具体化するための方法でもある（4）面談・聞き取り（ヒアリング）調査，（5）歴史的記録文書の解読，などがあります。

　数量的データ（だけ）で分析できない要因とは，たとえば，人の属性や人的関係，組織の特徴や組織間関係，法制度や政府規制の変更内容，経営者や当事者の判断に関わること，戦略や計画を実現する能力の差，事業の目的や組織の設立背景などであり，それらを「定性的」（非数量的または質的）側面の情報と言います。

　以下では，非数値型の資料・情報に基づく分析の代表例として，事例研究，現地（訪問）調査，アンケート調査，そして面談・聞き取り（ヒアリング）調査の特徴と活用法を説明します。

2　事例研究

　事例研究（case study）は，研究テーマの論点（成功要因，人や組織の属性や能力の違い，社会状況の矛盾や課題の側面など）に適切に対応した実例を取り上げて，研究テーマの論点に関わる実態面での特徴などを把握し，その具体的内容を考察し，理論や学術概念と実態との関係を整理して，理論的・政策的含意や実践的示唆を引き出す方法です。事例研究は，研究対象となる場所・組織・関係者や活動主体および関連要因の実態や歴史など具体的な情報や資料を得て検討できるので，抽象的な理論や概念を中心に論じることに比べて，テーマに関わる理解が深まる点に長所が認められています。ただし，研究対象をいかに選ぶかという点と，実態を考察する際に理論的視点を含めることが求められています。

104

第**6**章　自分の考えの正しさを確かめる方法（2）

（1）事例研究の目的と手順

　事例研究に先立ち，研究テーマに関連する理論や概念の整理や類型化を踏まえた上で，自分の研究目的に沿う特徴や条件を持った事例対象を見つけ，それについての研究を行うことが望まれます。研究テーマに関して何が具体的な論点か，いかなる観点で事例研究するかという事柄を明確化しておくことが重要です。そのためには，先行研究レビューを通じて，研究テーマやその課題に関わる理論や概念と，実態の特徴に関わる「既知の情報」を整理して，研究テーマに対する自分の見解を準備しておく（仮説をもつ）ことも望まれます。たとえば，事例研究を通じて何を明らかにしたいか，研究上の論点を反映するキーワードを予め書き出してみます。そして，事例内容を検討する際も，そのキーワードを用いて検討すれば，事例研究の役割や効果を意識して分析できると思います。なお，比較分析を可能とする点で，研究対象としては，3～5件以上の事例を取り上げることが望まれます。

　一方，なぜ，それらの事例を取り上げたかを明確にすることも重要です。類型化された理論や概念と合致した「理想的」な対象事例にアクセスできることはまれなので，アクセスが可能な限りでの対象を選ぶことでよいでしょう。その際，先行研究（既存文献）で検討している事例研究結果の全般的特徴と自分が取り上げた1つひとつの事例における特徴とがいかなる関係にあり，その事例を分析することが自分の研究目的といかに結びつくか，を説明することが望まれます。取り上げる事例数が限られるときには，事例研究対象の選択に関して，いくつか異なる型の事例対象を対比し，自分の研究テーマに合致する対象事例の特徴を浮かび上が

105

第Ⅰ部　研究（論文を書くこと）の基本的知識

らせることも1つの重要な方法です。

　言うまでもなく，事例研究は実態の紹介だけを目的としていません。商業雑誌では先進的な成功事例や一部の失敗事例を対象とした話題提供が多いですが，研究論文の目的は，紹介した事例の内容を理論的・概念的な専門用語を用いて分析することが中心となる点において，そうした商業雑誌と根本的に違うと理解しておく必要があります。

（2）事例研究の概容紹介

　事例研究の対象が決まると，その事例対象に関する概要の数値的・定性的情報を訪問・面談前の準備として整理します。たとえば，対象が組織の場合であれ特定地域の場合であれ，歴史的経緯・変遷などを踏まえ，事業内容や活動状況等の現状，特徴と課題を書き出してみます。その際に，情報の欠落や知りたい内容の不明点が見つかると，その点を訪問・面談等で聞いて，情報を補うことが望まれます。

　一方，近似した特徴を持つ複数の対象や，類似しているが特徴は少し異なる別の対象に対して，同じ内容の調査や面談を行うことができるのであれば，2つの対象についての比較分析が可能となります。その際，対象ごとの特徴を理論的・概念的視点から整理した上で，対象相互間の特徴や関係を検討していきます。事例分析における事実や実態の整理の仕方は理論的・概念的な問題意識や関心事に大きく依存しているため，いかなる理論・概念または分析枠組に基づくかが重要となります。

　事例研究の結果を文書化する際には，初めに，事例対象に関す

る概容を，思い入れや主観を含めず，簡潔に紹介します。実態を的確・明確に記述するには，5W1H または 6W2H の基準が有益です。一般に，作文では，5W1H，すなわち，いつ（When），誰が（Who），どこで（Where），何を（What），なぜ（Why），どのように（How），の要因を明記することが基本です。経済・経営系の論文（あるいは実務）では，当事者は誰か，どれほどの数量または金額となるかを追加して，6W2H，つまり，いつ（When），誰が（Who），誰に，誰と（Whom），どこで（Where），何を（What），なぜ（Why），どのように（How），いくら（How much または How many）の要因を含めた表現が基本となります。これらの基本を踏まえて，実態を的確に紹介することが重要です。

　研究対象とした事例の概況等を簡潔に紹介した後，研究テーマに関わる自分の仮説や見解の妥当性を検証する上で重要とみなした要因に注目し，その要因についての特徴が事例間で類似・共通する点や相違する点など，それぞれの事例に固有な特徴を探ります。各事例内容の特徴を比較検討する際，先行研究結果と比較しながら，自分の仮説や見解が正しいかどうかを確かめ，自分が研究した事例やその他資料の内容から何を読み取ることができるか，を示していきます。

（3）事例研究の結果・成果とその規定要因の関係を探る

　経営学では，一般に，事例研究は「優良事例」や「成功事例」を対象として選ぶことが多くなります。それらは「先端の状況」もしくは「平均水準以上」の成果を出しているでしょうから，解釈や結論の導き方にも留意が必要です。第 1 に，検討を行う前に，

第Ⅰ部　研究（論文を書くこと）の基本的知識

「優良」や「成功」の定義を明確にしておくことがもっとも重要です。具体的には，先行研究から「優良」や「成功」の定義や「優良」や「成功」を決める要因を書き出し，自分の研究目的に適した定義を改めて行い，その規定・説明要因を選んでいきます（この作業は予想外に難しいと思います）。第2に，自分が研究した内容と先行研究結果とを比較して，自分が研究した内容が従来の研究結果とほぼ同じだったか，どこが違うかを検討します。他の研究結果との比較・検討を類似条件の下で行うには，理論や概念を明確化・具体化することも必要となるでしょう。

　一方，同じ項目や同じ要因を比較してみても，対象間に特徴や結果の違いがあるならば，その違いがなぜ出てくるかの理由を考えていく必要があります。その際には，経営学の専門用語を用いた論理的な説明を行うことが望まれます。そして，特徴や結果の違いを生む理由が，ある程度わかったならば，考察したプロセスを再現するように記述していきます。たとえば，「A，B，Cの条件を持つ組織や人は，この状況を導いているが，……」と結論となる言明を導くように書いていきます。

（4）成功事例（最善事例）の分析と解釈

　「成功」事例の解釈においては，第1に，少数の成功組織・企業事例やプロジェクト事例の結果だけをみて，それらから導いた結論を一般化できないことを肝に銘じておく必要があります（事例を多めに集めても限られた成功事例の傾向やパターンを示すだけかもしれません）。第2に，「成功した」組織・企業だけを分析対象として取り上げ，その成功要因を分析することは，一種のサンプル

バイアス（標本抽出上の歪み）となっている可能性を自覚しておく
必要があります。よい事例（を中心に）しか見てないかもしれな
いので，分析内容に（平均水準よりも上方への）バイアスが生じや
すいのです。この点では，類似状況にあった複数組織・企業につ
いて，よい結果を出した組織・企業群（の集合）と良い結果を出
せなかった組織・企業群（の集合）の比較検討を通じて，よい結
果を出した組織・企業群の特徴を示すことが，本来は望ましいと
思います。

　第3に，言うまでもないですが，事例対象組織のあらゆる決定
がすべて最善だったように書くこと（後知恵解釈）を避けるべき
です。成功した事例を取り上げて，事例における良好な側面だけ
に注目して書いていくと，こうした（優良企業や成功企業は何事に
も失敗や欠陥がないという）解釈に陥る危険性があります。むしろ，
いかなる要因や条件を満たしたために，良い結果を出せたのか，
その要因や条件を別の企業は満たすことができるのか，別の企業
はなぜその条件を満たすことができないのかなどを中心に検討す
ることが望まれています。また，時間の経過とともに，組織や企
業など（事例対象）の状況は変化していくので，論文を作成した
時点以降において，いつまでも「成功事例」のままであるとは限
らない点も考慮しながら，過度に普遍化・一般化した評価や表現
とならないように記述することが重要です。

（5）社会問題に関わる事例研究

　他方，経済政策や社会政策に関わる事例研究のうち，たとえば，
社会的矛盾や「負の結果」（人口減少や労働条件の厳しい状況または

第Ⅰ部　研究（論文を書くこと）の基本的知識

制度的矛盾が凝集した状況）に着目すると，劣悪な状態や多くの課題を抱えた状況を取り上げていくでしょうから，問題点ばかりが出てくる事例内容となるかもしれません。そうした劣悪または困難な状況に対する政策や特定組織による活動を論じる場合，事態や状況の改善に向けた取り組みを国の法制度・政策の対策予算や投資支出などの金銭的規模を中心に論じていくか，国の政策とは別の人的・組織的活動や問題解決の具体的試みやそれらに対する効果，およびそれらのプロセスを含めて分析していくなど，いくつかの方法があるでしょう。いずれの方法においても，政策や取り組み活動の指標（input）とその結果（output），成果（outcome），状況変化（impact）をどのように把握し分析するかが重要となってくるでしょう。なお，ここでの成果とは，活動の結果にとどまらず，活動目的に対応した達成内容を指しています。

（6）事例研究に関わるまとめ

　事例研究では，テーマに関わる地域や組織や人，あるいは実態や歴史的経過に関わるさまざまな要因について具体的で詳細な情報を入手できる点が魅力でしょう。1つひとつの事実や事例は，それを調べる人にとり，とても興味深いことと思います。しかし，分析結果の解釈において，それらが特殊的事例なのか平均的・普遍的事例なのかなどを考えて，取り上げた事実や事例の性格をできるだけ客観的に捉えることが望まれます。

　事例研究の手順は，第1に，自分の研究テーマに即して「仮説」や見解あるいは研究上のキーワードを示し，それらの要因を軸として事例の概要や特徴を紹介します。第2に，紹介した事例

110

間の共通要因と事例ごとの個別要因を区分しつつ，他との違いをもたらす原因や条件等を検討します。なお，比較検討を可能とする点で，事例の件数は複数が望ましいですが，1つだけの事例だと（相当に）深く観察することが望まれます。第3に，先行研究結果との比較検討を踏まえて，自分の「仮説」や見解等の妥当性（正しかった点）に関わることや，事例研究から明らかになったことを要約し，できれば，表形式などで主要要因別の比較分析を行い，各事例内容の特徴をわかりやすく表現することが望まれます。

3　現地訪問調査

（1）訪問調査の意義

　現地訪問調査とは，関心を持ったテーマに関する学術文献やマスコミ情報等を通じて知識を得た事柄について，いくつかの企業や産業集積地，都市・地域における特定地区（開発，再生，衰退，荒廃，環境汚染，街角，問題露呈場所等），製造・介護・福祉・NPOなどの現地・現場（施設，工場，事業所等）を訪れ，それぞれの実態や状況に対する理解を深めるための方法です。現地・現場を見学して，現状を目で見て，空気や雰囲気を感じ，実態を「知る」ことができる（許可されるならば，写真も撮る）点が，「机の上での情報」だけに基づく考察との大きな違いです。

　ただし，「見たこと，聞いたこと，知ったこと」を書くだけでは，感想文や印象記の性格が強くなってしまうので，先行研究での理論や概念と結び付けて検討するなど，訪問調査で入手した情報や知ったことを学術的観点からどのように位置付けて，記述す

第Ⅰ部　研究（論文を書くこと）の基本的知識

るかに注意が必要となります。

　自分の「机の上で情報」を整理した後でも，実際には不明な点が残ることが通常でしょう。そこで，その不明点や欠落情報を埋めることを含めて，現場の状況を知るために現地を訪問調査することは大きな意義を持ちます。可能であれば，訪問した地域や組織に関係する人の話を聞くとか，面談ができるならば，いっそう好ましいと思います。現場で活動している人の話や意見は具体性に富むので，文献を通じて理解したこと（知識として知っていること）の実態的側面を深く知ることができます。

　訪問調査の目的は，一般に，事業活動等に関わる施設や有形物の見学と現場の状況を実感することではないでしょうか。たとえば，街並み，街区，商店街，工場，建築物，環境（汚染）状況，にぎわい，寂れや地区の険しい雰囲気を体感し，理解を深めることです。そのような訪問調査は，必ずしも訪問先のしかるべき人（担当者，組織の役員級の人や責任者）との面談を伴わないかもしれません。研究者の訪問調査には，面談調査を伴うことが多いでしょうが，学生の場合は現地を訪問しても面談の機会を得ることができない場合もあると思います。それでも，現場の雰囲気を実感する目的の訪問は意義が大きいと思います。

（2）面談を伴う**訪問調査と事前準備**

　訪問目的や主な質問内容を説明し，運よく訪問や面談を受け入れてもらうことができたならば，訪問する前に質問事項を徹底的に整理します。これは訪問調査（または実証研究全般？）に求められる基本的姿勢です。予習時間の長さと予習内容の深さ（つまり，

112

第**6**章　自分の考えの正しさを確かめる方法（2）

自宅を出る時点での準備状況）で，訪問調査研究の価値はほぼ決まります。

　訪問取材に際しては，何を聞き，何を確認・点検するかを予め決めておくことが重要です。そのためには，先行研究や訪問先（現地）に関連する資料等の内容を十分に理解しておき，面談や現地調査を通じて，その違いを確認する姿勢が望まれます。一方，訪問面談調査は1つの手段でしかありません。自分が必要とするあらゆる情報を訪問先から提供を受けようとすることは研究する者として横柄にすぎますし，また，訪問や面談が予定通りに実現できない可能性を考えると危険でもあります。すべてを聞いて書くのではなく，自分が調べた内容の欠落部分を補う，疑問点を確かめるつもりで訪問調査を位置付けるべきです（また，繰り返しますが，見たこと，聞いたことをすべて書くことが適切とも限りません）。

4　アンケート調査研究

　アンケート調査には複数の型があります。第1には，自分が関心を持つ要因についての既存統計がない場合で，実態を把握するためにアンケート調査を通じて規模や活動水準等の数値データを独自に収集する形態です。第2に，数値データの有無にかかわらず，数値データだけでは実情がうまく把握できないと考える場合，実情に関わる非数値的な情報や見解を関係者・関係組織に尋ねる形態があります。第3には，基本的に既存統計がない状況において，数値データと非数値データ（指標）を組み合わせたアンケートを行う形態です。

113

第Ⅰ部　研究（論文を書くこと）の基本的知識

（1）アンケート調査の形式と規模

（非数値・数量指標を中心とする）アンケート調査という方法は，回答者が質問項目に回答する形式で，大規模に調査（情報入手）する方式と言えます。回答形式には選択肢方式（5段階選択，該当する属性や要因の選択，等）や記述方式があります。また，アンケート調査では，質問票を送付する形式が主ですが，面談方式や電話・メールによる質問調査形式もあります。しかし，アンケート調査を行う人の周辺関係者だけを調査サンプルの対象とすると，調査対象とした回答者の選別方法に偏りが生じます。一般に，回答者の属性によっては，調査結果の有効性に疑念が生じ得るので，アンケート調査の回答者の選び方に関する注意が必要です。

ちなみに，アンケート調査質問票の送付先と送付数，および回答数と回収率について例示してみると，回収率20％，回収数50件以上を望む場合，それを逆算すると，この例では，250件を上回る送付数が必要となります。

なお，官公庁や民間研究機関が行う大規模なアンケート調査と類似したテーマを扱うことは，アンケート調査の規模・資金（経費）や回収率などの面で，個人で行うことの限界も出やすいため，得策ではないでしょう。

（2）アンケート調査の目的と調査内容

数値関連データおよび定性要因をすべてアンケート調査で入手する計画の場合には，とくに周到な準備が必要です。回答内容を分析する段階で，回答者の意図が不明と悩むこともありますが，その原因の大半は質問項目内容の設定や表現の仕方があいまいだ

114

からです。

一方，なぜ，アンケート調査を行う，行わなければならないか，アンケート調査の実施を通じて，何が解決するかを明確化することも重要です。その点に関連して，アンケート項目に関わるキーワードを書き出して，アンケート調査質問票の中心項目がいくつあるか，相互に重複や矛盾はないか，過度に網羅的になっていないか等を検討します。

アンケート調査では，調査を通じた実態の把握にとどめず，理論的観点を含めて質問項目を作る（それを忍び込ませる）ことが望まれます。この点に関連して言うと，自分の研究初期段階では，先行研究での問題点の整理が不十分であるなど，アンケート調査の質問票作成に関して必要となる知識や研究能力が不足しがちです。そうした状況では，自分の研究テーマに関する重要用語や中心論点を適切に含めたアンケート調査の実施は困難と見るべきでしょう。また，アンケート調査を実施すれば，あらゆる問題が解決するわけではないし，同じ回答者に複数回，アンケートを行うことは現実にはできないので，アンケート調査の実施を急がない方がよいでしょう。

（3）アンケート調査の質問項目作成と集計・分析

調査質問項目（「問い」）を作成する際には，回答しやすさや回答内容の分析方法を模擬的に試行しておくことが望まれます。とくに，設問内容の表現があいまいで，アンケート回答者が「自由な」解釈のまま回答することがないように，（自分の研究に関わる難しい専門用語をそのままの表現で示すのではなく）回答する人にと

115

第 I 部　研究（論文を書くこと）の基本的知識

り，わかりやすい内容で質問項目を表現する必要があります。そうしないと，目的に即したアンケート調査を実施できなくなるだけでなく，回答結果の解釈に際して，回答者の意図が判然としない事態に直面する恐れがあるからです。質問票の送付後に気付いても修正はできないので，それを避けるために，調査したい内容をいかに質問項目に盛り込むかが重要となります。

　アンケート調査を通じて何を明らかにしたいのかという研究の方針や，回答内容の集計・分析方法を具体的に研究メモとして書き出してみることもよいでしょう。質問項目が，理論的観点からみた見解と対応しているかを問い直すことも大事です。また，回答結果を分析するときに，質問項目ごとの度数分布だけでなく，クロス集計（項目間の回答を条件別に組み合わせていく）形式の回答内容や回答者属性に応じた回答対象者のグループ分け（または類型化，パターン化）を行うことがあります。そのような分析時の状況までを考えて質問項目を作成することが望まれます。

5　面談・聞き取り（ヒアリング）調査

　事例研究，現地訪問調査はもちろん，アンケート調査においても一部の回答者に対して，面談・聞き取り（ヒアリング）調査を行う方法があります。

　調査対象に関わる事柄に詳しい人や組織担当者から，自分の質問について説明してもらえる機会があるときの留意点を概説します。もちろん，担当者や関係者に対する面談・聞き取り（ヒアリング）は，関係する組織・現場や現地を訪問する場合に限られま

第**6**章 自分の考えの正しさを確かめる方法（2）

■□コラム　15□■

「何が，なぜ」の視点から考えるとき

　調査は「（現状が）どうなっているか」を知ることを目的とします。研究は本来，「なぜそうなるか（原因や理由）」を考えることを目的とします。ただし，全体像が明らかでない場合，実態（現状や構造）がどのようになっていて，主要な問題（原因）は何かを探るために，確認できた実態情報を列挙していく「探索的研究」と呼ばれる研究方法があります。そこでは，先行研究との関連で，検討すべき論点を書き出し，仮説を構築していくことを手段的目標としています（よって，仮説構築型研究とも呼ばれているのです。3章3節を参照）。

せん。面談場所は，当該組織の会議室や事務室だけでなく，たとえば，現地と離れた場所や，その組織の外である喫茶店等で行われることも珍しくはありません。いずれにしても，訪問時に面談機会を伴う場合と伴わない場合，訪問と無関係に面談機会を得る場合などがあります。

　以下では，訪問を伴わない場合も含めて，面談調査（インタビュー調査，ヒアリングとも言います）について説明します。

　面談調査とは，文字通りのインタビューを通じて論点や確認したい内容の説明を求めていく調査手法です。面談して質疑応答する形式，聞きたい点を事前に連絡しておき面談時に聞き取る形式（アンケート内容の面談での聞き取り方式を含む）などがあります。訪問先（現地・現場）に赴き，一般見学コースで担当者の説明を受け，その人と会話したことを面談と呼ぶかどうかは，少し悩ましいです。

117

第Ⅰ部　研究（論文を書くこと）の基本的知識

■□ コラム　16□■

積極的発表と，他人の意見

　自分の研究内容を他人に説明するとなると，自分の考えを整理する必要に迫られます。アイデアや結論的言明について，なぜ，そうなるかの理由を説明する機会はとても貴重です。どんな人でも（何歳になっても），発表のための準備を通して，自分の考えやそれを説明する内容が改善されるでしょう。発表する行為そのものや，話を聞いた人にとっての不明点の指摘を通じた論点整理，課題把握，気付きなどがあるでしょう。もちろん，集団的に議論や討論を行う場を持ち，一緒に考えることができる仲間がいることや，教員や専門家を利用し，自分の考え方への意見や助言をもらうことも大事です。

　面談・聞き取り調査は1つの方法ですが，自分が何を，なぜ知りたいか，質問内容が研究目的とどのように関係しているかを事前に整理しておく必要があります。たとえば，質問を行うことで，いかなる情報を得て，何を解決するかを十分に考えておくことが大切です。また，研究テーマ（検討課題）に関して注目しているキーワードや重要要因が質問事項の中に，どのような形で入っているかを確認する必要もあります。その意味で，面談調査に臨むには周到な準備が必要です。第1に，面談の目的を明確化し，事前に，文献・資料，雑誌記事等や面談先のホームページの内容から，面談先に関わる情報（組織や事業の概要，沿革，歴史的経緯，特徴，等）を十分に，徹底的に調べて，可能な限り，把握しておく努力は必須です。実際には，それらの情報だけでは面談先の概容や実状を正確に把握できないでしょうが，それを踏まえて面談し

第**6**章　自分の考えの正しさを確かめる方法（2）

ないと，貴重な面談時間を有効に活用できず，聞くべき点を聞き
損じたと面談後に気付くことになります。

　つまり，面談を通じて直接に聞き取りしないと不明な点や理解
（解決）できない点を書き出し，確認したい事柄の優先順位を決
めておくことが望まれます（実際の面談は自分の予測通りには進ま
ないですが，話題に応じて，質問内容の表現を柔軟に修正しながら，タ
イミングよく聞く上でも，質問内容や自分の考えを簡潔で明瞭に整理し，
自覚しておくと，いつでも質問できる状態となっているので，有益だと
思います）。

　次に，研究や論文の分析目的に関わる点から言えば，面談先を
含む，類似した複数の企業・組織について，自分が関心を持って
いる特定指標を用いて簡単な比較を行っておきましょう。それは，
自分の研究で利用（入手）したいデータ指標（定量的数値）や必要
な資料や情報（定性的情報）が何かを明確化するのに役立つと思
います。また，入手する（入手した）指標・情報が他組織と同じ
定義や形式等で表示されており，企業・組織間でそのまま比較可
能かどうかを，面談する前に点検しておくことが望まれます。こ
の作業は，分析に欠落している情報が何かを明確化できる点や，
指標に関わる事柄を質問内容に含めることができる点でも有益だ
と思います（つまり，A社とB社を訪問した後になって，両者から入手
した指標・情報の基準が異なっていることに気付くと，比較分析の作業
はスムーズに進まないからです）。

第Ⅰ部　研究（論文を書くこと）の基本的知識

練習問題

　自分の見解の正しさ（妥当性）を確かめるために，どのような内容の論拠や証拠を示すことが望ましいと思いますか。具体的に説明してください。

第Ⅱ部
研究内容の論理的説明と論文作成上のルール

第Ⅱ部では，研究内容を論理的に説明する順序や，論文を書いていく際の表記上のルール（決まり事）や表現の仕方についての基本的事項，たとえば，論文構成の仕方，文章の表記法，使った文献や資料の表記法，表や図の表現法，論文（文章）の説得力を高めるための基本を学びます。

第7章

論文執筆時のルール

――社会科学研究上の作法――

　論文執筆に不可欠な考慮事項またはルールとして，（1）論文題名と論文要旨・目次，（2）論文の構成と書式，（3）論文のレイアウトと文体，（4）出所，引用，転載の仕方，（5）注の付け方と書き方，（6）図・表の書き方と使い方，（7）参考文献の表記法があります。これらについて，順次，具体的に説明してみましょう。

1　論文題名と論文要旨・目次

　論文の表紙には，論文題名や執筆者（論文作成者）名などを書きます。表紙の次に，要旨（論文の要旨）や目次を挿入します。これらは，本文とは別です。

（1）論文題名

　最初に，論文には，題名（タイトル）を付けます。決まりはないですが，「～（何）に関する研究」「……（何）に関する一考察」などという伝統的とも言える定型表現もあります。自分が訴えた

いことや論じたいことを考慮して，題名を決めればよいと思います。ただし，題名として，「統計学の方法に関する改良」や「会計上の手続きなどについての研究」を論文テーマとする場合を除くと，「……（何か）を改善する方法」「〜（何）への対処の仕方」など，ハウツーに関わることがらは研究論文のテーマとして適切とは言えないので，論文題名（および研究テーマ）を再検討した方がよいでしょう。また，研究対象を限定するために，副題をつけることも可能です。その際，正題には適用範囲がやや広い題名を付け，副題で対象を限定することがよいでしょう（副題の例示として，「東京都の事例を中心として」「ネット販売事業の事例研究」「2000年以降を対象として」などとなります）。

　研究テーマと論文題名はその内容が一致していることは言うまでもないですが，さらに，論文題名を表す用語・内容は，一部の章や節の題名とも密接な関連を持つように示すことが自然です。

（２）論文の要旨

　「論文の要旨（abstract）」の冒頭では，研究の目的と学術的意義，研究の方法や主要な検討プロセス，結論などを明瞭に示します。研究の目的は数行で示せばよいと思います。研究方法も簡単に説明するだけでよいです。全体として，明らかにできたこと，「一番言いたいこと」を簡潔に示します。

　形式的に言えば，１つには，各章の概要を順次，説明していく形式があります。それは，第１章では……，第２章では……という表現となります。他方，もう１つには，章別の内容を説明する形式をとらず，論文全体の目的は何であり，何を対象に，いかな

る方法で研究した結果，何を明らかにすることができた，という
ように，論文全体の概要を中心的に示す形式があります。要旨の
形式は，指定された文字数によっても違ってくるでしょう。

　なお，「論文の要旨」を作成する過程で，本文の表現に不備・
不具合や説明の不足・過剰等が見つかれば，それらを修正してい
きます。それは，「論文の要旨」に書いていくべき，結論に結び
つく内容が本文に欠落していないか，書いた内容に過不足がない
かなどを点検する副次的な役割も持っています。

（3）目　次

　目次は，論文の概容を一覧表示することを目的として，各章の
タイトル（題名）および各節のタイトル（題名）とともに，それ
らの章や節の開始ページを示すものです。

　「目次」でのページ数は，本文最初のページから1，2，3と
書いていきます。また，「参考文献」や「付録」「補論」までを本
文と呼ぶので，参考文献や付録の開始ページ数までを書きます。
その際，節のなかのさらに細部の見出しレベルについてのページ
数を，目次で表示する必要はないと思います。

　「目次」を例示すると，次のようになるでしょう。

　第1章　　　　　　　　　　　　　　　　　……1

　　第1節　　　　　　　　　　　　　　　　……1

　　　（1）：このレベルは，目次で取り上げなくてよい。

　　第2節　　　　　　　　　　　　　　　　……20

　参考文献　　　　　　　　　　　　　　　　……87

第Ⅱ部　研究内容の論理的説明と論文作成上のルール

付録：アンケート調査質問票　　　　　　　　……101
詳細資料　　　　　　　　　　　　　　　　……105

　なお，目次は本文ではありません。よって，目次自体にはペー
ジ数を打ちません（一般図書では，本文をアラビア数字（1〜5など），
冒頭部分をローマ数字（ⅰ〜ⅳなど）で表記していることが多いと思い
ます）。また，目次という項目は，原則，1〜2ページ程度で示
すと，読み手には全体像を把握しやすいと思います。
　また，図・表がとくに多い場合，目次の後に，図や表の一覧を
付け，図・表のタイトル（題名）と掲載ページ数を示すこともあ
ります。

2　論文の構成と書式

　上でも説明した通り，論文の本文は，第1章，第2章，……，
最後の章までと参考文献まで，その後に，付録（たとえば，補論，
アンケート調査質問票，詳細資料など）がつく場合ならば，本文とは，
参考文献，付録までを言います。

（1）本文の第1章
　目次の後，本文は，「第1章」から始まります。一般に，第1
章〜第5章という序数的な表記でよいでしょう。ただし，一般専
門図書などを見て，問題意識や研究の背景を提示するために，
「はじめに」や「序章」の設定を希望する人がいるかもしれませ
ん。厳密に言えば，「はじめに」を書くと「おわりに」が必要と

なります。「序章」を書くと「終章」が必要となります。さらに，「序章」でなく，「第1章　序論」という表現もあります。これら（「はじめに」や「序章」）は，必ずしも無くてよいので，第1章から順番に書く形式でよいと思います。

　本文・第1章の「冒頭部分」では，研究の目的と学術的意義を明記することが望まれます。研究または論文の目的，つまり，その論文で何を明らかにするかを明確に示してください。その研究テーマを選んだ動機や研究の背景を書くならば，研究の目的とは別項目で書く方が，読み手にはわかりよいと思います。研究の目的に続けて，従来の見解（先行研究レビューした内容をごく簡潔に要約して表示）や研究の背景，論文で使う基本概念の定義，研究の基本的視点を手短に書くことが通常だと思います。

　続けて，先行研究（既存文献）を順次取り上げていく形で，先行研究レビューの結果を書いていきます。理論的・実証的な先行研究のレビュー内容として，自分の研究に関連する先行研究（既存文献）での理論や研究方法と主要な研究結果および，それらに対する自分の意見を具体的に書いていきます。その後で，自分の論文における中心概念の定義，分析枠組，主な検討内容などを示すことが望まれます。

　実証研究の論文であれば，用いるデータ・資料，検証方法の特徴，それらを使用することの妥当性を説明します。自分の見解や仮説の妥当性を確かめるために使用する検証方法（統計分析，事例研究，等）が適切・妥当であり，使用するデータや資料が客観的であり，特殊・恣意的でないことを，実際の分析に先立って示しておくことが望まれます。言い換えると，別の人がイメージま

たは追試できるように，検証方法やデータとそれらの特徴を明示するわけです。

本書5章，6章で説明した通り，検証方法には，①統計分析，②事例研究分析，③アンケート調査分析，④面談聞き取り調査結果の分析などがあります。たとえば，「○○に関する長期間の時系列データ，または，クロス・セクション（領域横断的）データを用いた分析を行う」「事例研究を通じた分析を行う」「○○モデル，△△評価方法，推定法を使った統計的検定分析を行う」などと書いていきます。

また，第1章の「後半部分」では，自分が取り上げた研究テーマや課題をどのように論じるか。たとえば，「何を，何で，説明するか」など，その論文における主要な被説明要因と説明要因を簡潔に示すことが望まれます。第1章の最後に，第2章以降に記述・検討していく内容の順番（論理展開）にそって，論文の構成と概要を簡潔に説明します。

なお，先行研究レビューは，第1章の中の1つの「節」として述べることでよいと思いますが，先行研究レビューの対象文献数がかなり多い場合や，レビューが詳細で，記述量が長くなった場合，たとえば，第2章として，1つの章として独立させることもできます（その場合には，以下で説明している章の番号に1つずつ数を加算してください）。

（2）第2章以降の本文

①本文の記述と検討内容のまとめ方の例示

第2章以降の本文の記述について，例示的に説明します。

第**7**章 論文執筆時のルール

　研究内容を複数の節に分けて，順序よく，わかりやすく記述していきます。文章群が長い場合，見出し項目等を付けるとよいでしょう。

　各章の最後に，その章で明らかにできたことを「（この章の）まとめ」または「小括」として示すと，整理した印象が強まります。また，結論を述べる以前の部分において，「考察」または「検討」を行う章や節を設け，論文の主要な「まとめ」の内容と先行研究結果とを比較して，研究対象について考察した内容を深堀りできると，研究水準はさらに高まります。

②分析・検討結果の紹介と解釈

　分析結果を紹介したあと，理論的・実証的な根拠や理由を示しながら，分析結果に対する意見を述べます。また，分析結果の意味を解釈していきます。このとき，分析結果の紹介とそれに関わる解釈や，事例（対象）の紹介と事例検討の含意を区分して書くことが大事です。分析結果の解釈においては，先行研究の結果と比較して検討することが望まれます。

　たとえば，自分が研究した結果，明らかになったことを整理して書きます。また，自分の仮説や見解の正しさを確かめる場合，仮説が妥当したかどうか，および仮説が妥当する条件等を検討し，記述します。次の③考察も含めて，例示してみましょう。

　分析の結果，わかったことは次の通りです。

　1）○○○。

　2）△△△。

129

第Ⅱ部　研究内容の論理的説明と論文作成上のルール

3）□□。

③考　察

　これら分析結果のまとめをもとに考察します。たとえば，「第
1に，1）と2）の関係から，○○○は×××と連動している
ことがわかる。その条件は……。第2に，2）と3）から，△△△
という見方と□□□という仮説は両立しないことがわかる。一方，
3）は先行研究結果と比較すると×××である」「既存研究では，
1），2），3）の1つひとつは分析されていたが，それらを総合
して検討した研究はなかった」などと書いていきます。

　また，考察においては，小括した内容を自分なりに検討すると
ともに，先行研究結果との比較検討を行うことが望まれます。

　なお，社会科学領域の論文では，分析結果等を表形式で一括し
て示しても，一括表示した内容に関する本文での説明文も必要で
す。項目ごとに丁寧に説明していく姿勢が大事です。

（3）結　論

　論文の最後の章として，「○章　結論」と表記することが一般
的です。研究の目的や課題設定に対応させて，「何を言えたか」
を示す部分を「研究の結論」といいます。最後の章では，研究の
結果，明らかになったことを書きます。その際，その論文の目的
は何であったかを改めて示し，それに対応させて結論を記述する
と，読み手は論文全体の意図や流れを把握しやすくなると思いま
す。

　多くの場合，結論として研究の目的のうち達成できたことを中

心に，種々の検討結果をまとめた内容を書き，達成できなかった
ことを「今後の課題」として書く形式となるでしょう。

　先行研究を踏まえて研究上の問いや仮説が導出された場合には，
研究を通じて明らかになったことや仮説を検討した結果，そして
それらを考察した内容が研究の成果として「論文の結論」内容を
構成します。とくに仮説検証型論文においては，自分が設定した
仮説に対応する回答を記述することが，結論として必要です。仮
説検証型論文における結論の一例を示すと，少なくとも，次のよ
うな言明が必要となるでしょう。

　研究（全体）を通じて，自分の仮説の妥当性について，次の点
がわかった。
　第1に，○○という想定は正しかった。
　第2に，△△という見方は立証できなかった。
　第3に，□□という仮説は妥当性を検証できた。

　いずれにしても，提出期限付き論文での結論は，自分が行った
研究の目的達成度を考慮して書きます。必要に応じて，理由と条
件を提示して，意見表明の形で結論を示します。

　なお，現段階で明確に判断を下せないとき，「今後の推移・進
展をみて，改めて評価するしかない」という意味合いで，留保し
たままの結論の表現になることもあります。これに関連して，
「～について今後も見守りたい」「期待したい」「○○が楽しみで
ある」など，主観的に「応援する」意思を伴う表現を，随筆や評
論では見かけますが，研究対象に対する中立的立場を損なう印象

第Ⅱ部　研究内容の論理的説明と論文作成上のルール

を残す（生む）ので，論文ではこうした表現を慎むべきだと思います。

　なお，上述したとおり，論文形式での表現において，「序章」を設けるとそれに対応して「終章」が本来は必要となります。ただしその際に，終章の中で結論が書かれるとは限りません。

（4）研究の学術的意義と独自性・新規性

　研究成果の学術的意義，または研究の独自性や研究の新規性と呼べる点があれば，それを書きます。研究成果の学術的意義とは，同じ研究テーマに関心を持つ人々の間で，それを研究することの学術的評価が共有されている内容を持つこと，または，未知の事柄や未解決の課題を明らかにしたことを言います。たとえば，「変化の実態を補完した」「△△を深く考察した結果，○○がわかった」などという表現を例示できます。

　また，研究の独自性とは，先行研究（結果）との比較で，論文執筆者が独自に明らかにした事柄を指します。研究（論文）の独自性を述べる際には，「○○を新しいデータで分析した」などと表現されることもあるでしょう（9章4節も参照）。

　学生の皆さんにも，研究の成果がいかなる学術的意義や独自性を持つかを明記することが望まれます（研究専門論文ではこれは必須です）。その際，自分自身による独自の着目点や挑戦・試行もいくばくかは評価に値するでしょうが，意図した研究テーマが適切であることと，その意図の実現度が論文において認められることは別次元だと思います（9章4節も参照）。

　一方，研究の新規性とは，先行研究の内容と比較して，筆者が

132

初めて示した事柄，初めて使った方法，初めて挑んだ研究対象などを指すでしょう。よって，研究の新規性は，新しい成果を見い出したことに限定されないかもしれません。

（5）今後の課題

　論文冒頭で研究目的として記述した内容のうち，①論証・実証・検討が不十分だった点について，反省点とともに再検討を要する論点や課題を示すことが「今後に残された課題」の典型的な内容です。また，②資料等の入手限界に由来する点や，研究方法の限界で検証できなかった点，そして，③研究した方法を援用して，別の対象を今後研究していくと所信を表明することも「今後の課題」となるでしょう。

　一方，本論で論じなかった事柄を「今後の課題」という見出しの下で，長々と説明する必要はまったくありません。本論で検討してない見解を長々と示した場合，それほど重要であれば，なぜ，それを本文中で論じなかったのかという印象を強めるでしょう。執筆者が考えている研究構想の全体像を示すことは，論文の評価を高めることに結びつかないと思います。論文の評価は言うまでもなく，残された課題でなく，本文中で論じた内容や導いた結果をもとに決まります。

3　論文のレイアウトと文体

（1）レイアウトと文体

　たとえば，文章は横書き，黒文字，1行当たり40字，1ペー

第Ⅱ部　研究内容の論理的説明と論文作成上のルール

ジ当たり 36 行，文字は明朝体で，文字の大きさは 10.5 ポイント
などが多いと思いますが，カラー印刷や 1 行文字数・1 ページ行
数の設定など，具体的な形式は，各大学が指定する条件や内容を
確かめてください。

　文章表現（文体）は，「～である」か，「～です。……ます」の
いずれかで統一して書きます。論文の場合，一般に「……だ」は
ごく限定的にしか使われないでしょう。

　ワープロ機能を使うと，文章に下線を引くとか，文字を太字に
することや文字を線で枠囲みする表示など，多様な装飾機能を使
うことができます。しかし，論文では，原則として，記述内容を
強調した表現を多用しません。論文の評価は，記述内容をもとに
読み手が客観的に判断することを基本としています。よって，書
き手は自分の主張を過度に強調した表現を慎む必要があると思い
ます（その点で，重要な用語や事項を強調して表現する教科書の形式と
異なります）。そのような観点から，装飾表示の使用を控えたいで
すが，どこまで許容されるかなどの詳細については，指導の先生
に尋ねてください。

（2）本文中の「章」と「節」と見出し

　1 つの章の中の，節とパラグラフと見出しについて説明します。
　まず，本文の中の 1 つの章の表現形式は，一般に，次のように
構成されます。

第 1 章　タイトル（題名）
　第 1 節　タイトル（題名）

134

1．見出し

（1）見出し

　文字見出し（番号や符号・記号が付いてない見出し）

　パラグラフ

（2）見出し

　パラグラフ

　各章の中の1つの節（第1節，第2節，…）は，通常，複数のパラグラフから構成されています。パラグラフとは，改行（段落換え）から次の改行までの範囲の文章群を意味します。パラグラフ内の文章数が過度に多いと，読み手は内容を理解しにくくなるので，説明する内容が変わるタイミングや文章の流れを考え，適度に改行することが望まれます。また，必要に応じて，見出し（その見出しに続く文章のおおまかな内容を反映した標題）をつけることも，読む人の理解を助け，わかりやすくなるでしょう。

　また，見出しの冒頭に番号や符号・記号を付けることも多いと思います。たとえば，

（1）文章／項目内容

　　①文章／項目内容

　　a）文章／項目内容

などと表現すると系統的に示されてわかりやすいと思います。

　一方，文章の前（冒頭部）に中黒「・」をつける表現を一般雑誌や実務系の定型文ではしばしば見かけます。たとえば，

第Ⅱ部　研究内容の論理的説明と論文作成上のルール

・項目見出し／文章

・項目見出し／文章

・項目見出し／文章

　という形で，数行ずつまとめて列挙する形式です。中黒「・」で始まる用語や字句は同格内容であることを意味するので，中黒「・」で始める文章同士も同格であると示唆します。しかし，論文で「・項目見出し／文章」を多用すると，「・」が付けられた文章の内容の重要度や優先度が不明な箇所が増え，論文執筆者が何を重視しているかを，読み手が理解しにくくなると思います。よって，論文では，文章の前に中黒「・」をつけて並列的・同格的な内容として示す表記法を特別の意図もなく多用せず，数字番号や記号を付けて優先順位等を示すことが適切だと思います。

4　出所・引用・転載の基本

　文献の出所（または出典）情報とは，著書・論文等の執筆者名，資料作成者・組織名，文献タイトル名，刊行年を指します。また，引用とは，他人が書いた文の全体または一部を原文通りに使うこと（文章の一部を修正してほぼそのまま使う場合を含みます），または，文献に表記されている用語表現（たとえば，「スモール・イズ・ビューティフル」や「イノベーションのジレンマ」などという表現や用語）を表記されているままの形で使うこと，を意味します。

　まず，日本語文献の引用・出所・出典に関する表記法を説明します。

第**7**章　論文執筆時のルール

　引用時には，必ず引用文献についての情報と引用ページ数を書きます。その際，

「○○は△△である」（明石［2010］45 ページ）

などと，「　」などの引用符号でくくって，引用であることを明示し，必ず出所情報を書きます。多くの文章や用語表現を引用しておきながら，引用であることを明記しないまま論文（およびレポート）を作成・提出すれば，大学では「不正行為」とみなされます。また，社会的には「盗作」や「剽窃」または「著作権侵害」となりえます。引用文献に関わる情報は，引用した部分が長いか短いかにかかわらず，引用した都度に明記します。

　出所の表示としては，見解や表示の元となる文献の情報を書きます。出所・出典元となる文献を表示する現在支配的な方法（歴史系著書・論文を除きます）は，論文や著書の最後の部分に参考文献を一括表記して，本文中では，たとえば明石［2017］などと，著者名と刊行年をカッコに入れて示すことが多いです（別の方法は，引用の都度，注として表記する方法です。その場合，初出時には著者名，文献名，出版社，刊行年などをすべて表記し，2 回目以降の言及時では少し簡単な表記をしますが，それらの説明は省略します）。また，先行研究における見解や内容を説明したときや直接利用（引用）したとき，言及や引用した文章の最後に，先行研究の著者名や出版年などを表記します。たとえば，「について，石井は……と述べている」または「について，述べている」と書いた後に，「……と述べている（石井 1999：39 ページ）」または「……と述

137

べている（石井［1999］39 ページ）」，などと表現し，著者名，刊行年，ページを書きます。

　他方，転載とは，他文献の表や図などをそのまま使うことです。そのときには，図や表の出所欄に「〇〇から転載」と書きます。ただし，図・表の一部を修正して使う場合，修正の程度により，「〇〇の一部を修正して転載」，または表や資料に示された数値等に基づき新たに表や図を作成した場合には，「〇〇の資料に基づき，筆者作成」と表現します（次の5節（4）を参照）。

　次に，英語文献の引用の場合，たとえば，「〇〇の定義をしている（Roberts［1969］p. 126）」と引用文，著者名（家族名，ファミリーネームだけ），出版年，引用箇所のページ数を書きます。このとき，引用先や言及先が単一ページの場合，p という小文字を1つだけ書きます（通常は小文字の p を使います）が，引用・言及先が複数ページとなる場合には，そのページが連続するときも連続しないときも，pp と p を2つ続けて表示します（たとえば，Akashi［1996］pp. 13，21；Akashi［1996］pp. 13-14）。

5　注と図・表の表記法

（1）注の付け方・書き方

　すべての文献，補足説明，注意書きを本文中に書き込むと，文章を読む上で煩わしくなりますので，注を付け，詳細な説明や但し書きの内容を，注の中で説明することが一般的です。こうした説明や引用のための注として，各ページの下の部分に注を書く方法（脚注（foot note）と呼びます）と，章や本文の後に注を書く方

法（章末注，本文末の注（end note）と呼びます）があります。学生が書く論文では，注の文字の大きさは本文と同じでよいし，文書作成ソフトの脚注機能を使うこともできるでしょうが，注の付け方については大学のルールや指導教員の方針を確認してください。

（2）図・表の題名と通し番号の表記法

図と表には，通し番号を付け，図と表の上に書きます。図と表の通し番号を，図1，図2，……，および，表1，表2……と別々に書く方法と，図と表の通し番号を合体して図表1，図表2……と書く方法があります。また，図と表には題名を付け，通し番号の後に書きます。なお，一般図書では，表の題名は表の上に，図の題名は図の下に，表示していることがありますが，学生が書く論文では，いずれの場合でも，図や表の上に表記すればよいでしょう。大学のルールも確認してください。

（3）図・表における単位の表記

図・表には，項目名，量的単位，等を明記します。表については，表のすぐ上に書く場合，「単位：万人，％」「単位：億円，％」などと表記します。また，表の中の項目欄に書く場合，従業者数（万人），構成比（％）などと表記します。一方，図については，図の縦軸，横軸に単位（％，億円，年など）を示します。パソコン等のソフトで図・表を作成するときにも，縦軸と横軸の単位を示すことを忘れないでください。

第Ⅱ部　研究内容の論理的説明と論文作成上のルール

（4）図・表の内容に関する注と出所の表記法

　図・表に関する基本情報を示す注は，図・表だけしか見ない人にとっても，図・表の内容を的確に理解できるように，すべての図・表に付けることが望まれます（少なくとも経済・経営系領域での通例です）。

　まず，図・表の下に注を書き，それらのすべての注のさらに下の行に（図・表の下の記述内容全体の最後の行として）出所を書くことが通例です。論文の本文中では，図・表の作成基準または読み方に関わる基本情報をごく簡潔に説明するか，（それらの基本情報をほとんど説明せず）図・表で示した内容だけを論述することでよいと思います。

　図や表の下の部分に書く注と出所の書き方を例示すると，次のようになります。

　注）東北地方の値は，○○と△△の合計値。
　出所）経済産業省［2000］28 ページの表を一部修正して掲載。

　同じ文献の年度が違うときの表記法では複数の表示方法が可能です。

　・厚生労働省［2008］26 ページ，厚生労働省［2010］22 ページから転載。
　・厚生労働省［2008］26 ページ，同［2010］22 ページから転載。

140

第7章 論文執筆時のルール

さらに，特定著者の同じ年における複数文献を表記する際には，刊行された時期がわかる場合，刊行が早い順に並べて示し，一方，刊行時期が不明の場合は任意に，いずれの場合でも，刊行年の後にa，b，cをつけて表示します（明石［2012a］，明石［2012b］など。7章6節（4）日本語文献の④も参照）。

なお，自分で図や表を作成した場合は，出所の欄に，「出所）筆者作成」と書きます。

一方，ある文献（たとえば，ABC［2014］）から自分が参照（転載または修正して引用）した図・表は，さらに別文献（XYZ［2002］）から転載されていたが，自分はその元の文献（XYZ［2002］）を直接に閲覧しておらず，その内容を確認・点検してない場合，自分が直接に参照した文献名のみを出所として表示します。つまり，元の文献の情報（XYZ［2002］）を，自分が参照した文献の中で記載されていた「原資料」として，出所の箇所でなく，注の中で書きます。例示すると，次のようになります。

注）原資料は，XYZ［2002］。
出所）ABC［2014］。

なお，注や出所という文字の後には，「）」（片パーレンと呼ぶ）または「：」（コロンと呼ぶ）の記号を使うことが通常です。

最後に，細かい点ですが，表の中における注番号の打ち方は，1つには，表の上部に位置する事項から下に向かって，かつ，左部に位置する事項から右に向かう順番で番号を打っていく形式，もう1つには，表示する内容の全体に関わる事柄から番号を打ち，

141

第Ⅱ部　研究内容の論理的説明と論文作成上のルール

その後，細部に関する事項に番号を打つ形式があります。

6　参考文献の表記法

（1）参考文献と引用文献

引用文献とは，論文を書くとき，直接に引用した先行研究（既存文献）を指します。一方，参考文献は，論文を書くときに，直接に，または間接に参考とした文献から構成されます。よって，論文での参考文献欄には，引用，利用，参考にした文献を一括表記します。引用文献は参考文献の一部に含まれています。

文献名を示す際，日本語の単刊書（資料や冊子を含む）は題名を『　』で囲んで示し，単刊書以外の収録論文などはその題名を「　」で囲んで示すことが通例だと思います。

参考文献の表記形式としては，学術図書（著書）・（専門）雑誌論文，統計資料，その他資料，インターネット・ホームページURLなどを，①合体して示す形式と，②別々に示す形式があります。文献数が多い場合には，それら著書・雑誌論文（ディスカッションペーパー等を含む），統計資料（白書，統計書，社史，団体史，統計が中心の報告書），その他資料（一般的な報告書，組織・団体等の概容・概況報告冊子，概説書，新聞・雑誌の記事等など），インターネット・ホームページURLを別々に区分して示す形式がわかりやすいと思います。それを例示すると次のようになるでしょう。

参考文献

1．著書・論文

第 7 章　論文執筆時のルール

2．統計資料

3．その他の資料

4．インターネット・ホームページ URL

　これは，4区分の例示ですが，実情に応じて，こうした区分を
しない，または，2～3区分の仕方で表記すればよいと思います。
　著書・論文の表記法の詳細は以下の（3）で説明しますが，基
本形式は，著者名，タイトル，刊行年の順です。また，日本の新
聞・雑誌の記事については，新聞・雑誌名を『　』で囲み，刊行
された年月日を書きます。例示すると，『週刊〇〇』2018 年 8 月
1 日号，『日本経済新聞』2018 年 7 月 1 日，などとなります。
　また，インターネットで得た情報が論文作成上も有益であれば，
それも参考文献となるので，それを参考文献として表示します。
その際，インターネットで得られる情報には，テキスト形式，文
書作成ソフトでの形式，PDF 形式の文書（論文，白書，報告書など
の部分的文書を含みます），および，表計算ソフト形式または PDF
形式で表示された統計資料，数値データ類などがあるでしょう。
いずれの場合でも，出所であるインターネットのホームページ・
アドレス（URL）を書きます。同時に，たとえば，
http://minerva.co.jp/　　2018.1.5 アクセス
というように，URL アドレスの末尾に，閲覧（アクセス）した年
月日または（最終）閲覧日を書きます。
　とくに，白書や統計書，報告書の一部は，紙媒体として刊行さ
れているものと同じ内容の情報が，インターネット（ウェブサイ
ト）上においても PDF 形式やそれ以外の形式で公開されている

143

第Ⅱ部　研究内容の論理的説明と論文作成上のルール

ことがあります。その場合を含めて，たとえば，

　　○○省『○○白書』2018 年版，引用は○○ホームページ，
http://○○.gov.jp/（最終）閲覧日

などと，参考文献欄に表記すればよいでしょう。

　また，紙媒体とインターネットで同じ情報が示されている資料
類の場合も，紙媒体とインターネットで違う情報が示されている
資料類の場合も，参考文献欄だけではなく，図・表の出所や，注
の中での表記においても，これと同様に記載します（少し簡略化
した表示も可能です）。

　なお，「面談調査インタビューの記録」という別の項目を立て
て，面談調査インタビューの訪問先，面談者，日時（年月日，午
前・午後または何時から何時まで）を書くこともあります。ただし，
それは参考文献欄にではなく，本文の付録として書くことが多い
でしょう。

（2）参考文献の表記順

　日本語や英語や欧州の言語で書かれた文献の場合，執筆者名
（個人名，または組織・機関名）の読み方の 50 音順または名前のつ
づり表記文字の ABC 順で示すことが通例です。文献が日本語文
献と外国語文献とからなる場合，①日本語文献と外国語文献を区
分せず示す形式（ABC 順の場合，日本語文献の読み方をローマ字で表
記した後，並び変えます）と，②日本語文献と外国語文献を別々に
表示する形式があります。両者を別々に表示する際，日本語文献

144

を 50 音順で，外国語のうち，欧米系言語での文献を ABC 順で表記することも可能です。

　それ以外の外国語言語についても，規則的に表記することが求められます。言語別の参考文献の表示順は，日本語文献，英語（欧米言語）文献，中国語文献，韓国語文献，その他の外国語文献のうち，文献数が多い言語の文献順に示してもよいと多いと思います。

　社会科学領域での論文の場合，商業雑誌の記事でのように，参考文献に関わる内容が本文中に登場してくる順番に，参考文献を表記することは基本的に少ないと思います。

（3）個別文献の表記法──例示

　本文中での個別文献の表記法として，とくに区別の必要がない場合，日本人については名字だけを示し，欧米人については家族名だけを示すことでよいと思います。たとえば，明石［2017］または Schumpeter［1951］などです。一方，参考文献欄では，日本人については名字だけでなく，氏名を表記します。欧米人については，家族名とファーストネームのイニシャルだけ（ミドルネームはイニシャルだけ）を示す形式と，家族名とファーストネーム（ミドルネームはイニシャルだけ）を示す形式が多いと思います。たとえば，明石芳彦［2018］，Schumpeter, J.［1951］，Schumpeter, Joseph［1951］となります。

　以下では，日本語と英語での著書，論文を中心に，参考文献欄での文献の表記法を例示してみましょう。なお，私の能力が及ばないので，中国語文献やその他の言語の文献の表記法については

第Ⅱ部　研究内容の論理的説明と論文作成上のルール

省略します。

（4）日本語文献
①著　書
著者（または編者）名［出版年］『書名』出版社名，という順番
と形式で示します。例示すると，次のようになります。

　　明石芳彦［2002］『漸進的改良型イノベーションの背景』有
斐閣。
　　明石芳彦編著［2009］『ベンチャーが社会を変える』ミネル
ヴァ書房。
　　矢作弘・明石芳彦編著［2012］『アメリカのコミュニティ開
発──ファイナンスによる都市の再生戦略』ミネルヴァ書房。

なお，副題は省略することもできます。一方，出版年を執筆者
の直後ではなく，文献情報の末尾に示す場合，

　　明石芳彦編著『ベンチャーが社会を変える』ミネルヴァ書房，
2009 年。

となります。

②分担執筆した論文が著書の一部として収録されている場合
著者名［出版年］「論文名」編著者名『書名』出版社名，論文
の初めと終わりのページ数，という順番で示します（著書の中の

146

第**7**章　論文執筆時のルール

1つの章を執筆することを一般に「分担執筆」と呼びます)。

　例示すると,

　　明石芳彦［1995］「研究開発とイノベーション」新庄浩二編
『産業組織論』有斐閣, pp. 229-256 または 229-256 ページ。

日本語文献でも pp と書くことは許容されているでしょうが,
日本語文献では, ページまたは頁と, 日本語で書くことを求める
人もいます。以下では, この点に関する言及を省きます。

　また, 分担執筆した担当章の番号を記載することもあります。
その際は,

　　明石芳彦［1995］「研究開発とイノベーション」新庄浩二編
『産業組織論』有斐閣, 第 11 章, pp. 229-256。

となるでしょう。

③雑誌論文

著者名［出版年］「論文名」『雑誌名』論文の初めと終わりのペ
ージ数, という順番で示します。例示すると,

　　明石芳彦［2002］「ベンチャー企業における特許戦略」『組織
科学』35 巻 3 号, pp. 49-56。

となるでしょう。

第Ⅱ部　研究内容の論理的説明と論文作成上のルール

④同一著者による同一年での複数の文献を示す場合，出版年の後にa，b，cをつけ，区別します。例示すると，次のようになります。

　　明石芳彦［2012a］「社会的企業・中間支援組織のコミュニティ再生・支援活動と社会的インパクト」矢作弘・明石芳彦編『アメリカのコミュニティ開発』ミネルヴァ書房，pp. 161-210。

　　明石芳彦［2012b］「日本産業・企業の国際競争力——技術イノベーションと付加価値創造」『産業学会研究年報』27号，pp. 31-42。

⑤翻訳書の場合

原書を読み（一部箇所であっても，原書を点検し），翻訳書も参照した場合は，原書，訳書の順番に書きます。

　　Yunus, M. with K. Weber［2010］*Building Social Business*, New York, PublicAffairs. 邦訳は，千葉敏生訳『ソーシャル・ビジネス革命』早川書房，2010年。

他方，翻訳書しか読んでいない場合，

　　ティッド，Ｊ／ベサント，Ｊ／パビット，Ｋ（後藤晃，鈴木潤監訳）［2004］『イノベーションの経営学——技術・市場・組織の統合的マネジメント』NTT出版。

などと書きます。ただし，翻訳書しか読んでいない場合でも，邦訳図書名に続けて，（原書は，Tidd, J., J. Bessant, and K. Pavitt, *Managing innovation : integrating technological, market and organizational change,* 2nd ed., Chichester, John Wiley, 2001），と示すこともあります。この書き方は，指導教員に確認してください。

（5）英語文献
①著　書

著者（または編者）名（家族名のみ）［出版年］書名，出版地，出版社名，という順番で示します。英文著書の場合，出版地を記載する点が，日本語著書との違いです。

著者や執筆者が多数で，最初の一人ないしは数人の名前を記載し，それ以下を省略するとき，英文では，et al.と表記することが通例です（et は and と同じ意味で，al.はその他を意味します）。

Salamon, Lester M. ［1995］ *Partners in Public Service : Government-nonprofit Relations in the Modern Welfare State*, Baltimore, Johns Hopkins University Press.

Martin, F., and M. Thompson ［2010］ *Social Enterprise : Developing Sustainable Businesses*, Basingstoke, Palgrave, Macmillan.

Neck, H. M., C. P. Neck, and E. L. Murray ［2018］ *Entrepreneurship : The Practice and Mindset*, Los Angels, Sage Edge.
または

Neck, H. M., et al. ［2018］ *Entrepreneurship : The Practice*

149

第Ⅱ部　研究内容の論理的説明と論文作成上のルール

and Mindset, Los Angels, Sage Edge.

　また，編著書の場合で，編著者が一人の場合は，ed.（edition の略）と表記し，編著者が複数人の場合は，eds.と表記します。

　Dodgson, M., Gann, D. M., and N. Phillips（eds.）[2014] *The Oxford Handbook of Innovation Management*, Oxford, Oxford University Press.

　なお，英文（欧文）での著書や雑誌の表記では，タイトル名をイタリック（斜体）表記するか，タイトル名に下線を引くという表記の仕方が従来は支配的でしたが，近年はその表記法にこだわらない場合も散見されます。

　②著書の中の１つの章（＝分担執筆論文）の場合
　著者名［出版年］“論文名”，編者名，書名（イタリック），出版地，出版社名，という順番で示します。

　Roberts, E. B.［1969］ “Technology and Entrepreneurship” in W. H. Gruber and D. G. Marquis（eds.）*Factors in the Transfer of Technology*, Cambridge, M.I.T. Press, pp. 189-201.

　③雑誌論文の場合
　著者名［出版年］“論文名”，雑誌名（イタリック），巻，号，論文の初めと終わりのページ数，という順番で示します。

Williamson, Oliver E. [1979] "Transaction-Cost Economics : The Governance of Contractual Relations," *Journal of Law and Economics*, 22(2), pp. 233-261.

その他の言語について，私は適切な説明をする能力がありません。申し訳ないですが，他のしかるべき文献を参照してください。

第8章

論文構成の練り直し

——論理的思考を大切に——

　ここでいう論文構成とは，論文の目的，論理展開，分析，考察，結論などの流れと結びつき方を指します。

1　論理的説明と論理的思考

　論文では，特定テーマに関する自分の見解（や論述したいこと）を理由や根拠を付けて，順序良く，明快に説明していきます。何を伝えたいか（自分の見解）を整理し，わかりやすく文章表現します。その際，他者の意見（先行研究の見解）と自分の意見との違いを意識しながら，説明することが望まれます。また，いかに説明すれば，自分の見解を他者が納得してくれるかを考えます。

（1）論理的説明

　論理的に説明するために必要な留意点は，第1に，理由と結論の関係を明確に表現することです。第2に，原因となる要因とその結果，または観察されている事柄（事象）の因果関係や関連性を1つひとつ整理して説明することです。それが論文作成および

152

分析の重要な留意点の1つです。

まず,「Aであれば(Aであるがゆえに),Bとなる」というのが,論理的説明の基本形です。しかし,経済・経営系など社会科学が対象とする現実は,「Aであれば,Bとなる」と単純に言明できないことがほとんどです。原因と結果が,1対1の関係とは限らないからです。また,Aとは別に,CやDが介在し,結果の部分にも,B以外にEやFが登場してくるかもしれないからです(図19)。とくに,BがAからだけでなく,Cからも大きな影響を受けていると予想される場合,その説明の仕方に注意が必要です。そうした要因間の間係や,1つひとつのことがらについて,原因と結果(または理由と結果,要因と効果)の関係を区分しながら,それらの関係を論理的に(状況別に,理由をつけて)説明していくことが論文での文書作成の基本です。

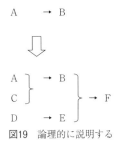

図19 論理的に説明する

(2) 論理的説明と説明の順序

自分の見解に関して,あらゆる要因を羅列するだけの説明では,因果関係(causality)が不明であり,論理的説明となりません。たとえば,自分の見解を口頭で説明する場合,伝えたい内容を順不同に話したとしても,ときには中心となる事柄を後から強調しても,相手は理解してくれるかもしれません。しかし,同じことを文章で説明する場合,伝えたい内容を順序立てて系統的に表現することが強く望まれます。重要な事柄を後から追加していても,そこまで読んでくれないかもしれないからです。論理的説明とと

もに，説明の順序を配慮すると，理解度，わかりやすさ，説明力が向上すると思います。

（3）個別の要因と複雑な結果

研究（論文作成）では，「〜（研究対象または被説明要因）」をどのように捉え，それを何（いかなる説明要因・変数）で，どのように（ときには，いかなる分析手法で）説明するかが大事となります。自分の研究上の論点や問題点をいかなる論理や方法を用いて説明し，どのような資料を証拠として示すことができるでしょうか。

たとえば「円高となった結果として，輸出量が減少し，輸入品価格が低下する」という因果関係の存在を推測できる場合，消費者の購買力は，円高により拡大し，訪日外国人は消費を抑制するだろうか，と考えてみてください。また，因果関係が複雑で，単純な政策や行動計画を示しにくい状況として，たとえば「賃金水準が上昇すれば，消費水準が拡大するので，景気が良くなる」，または「販売価格を引き下げれば，売れ行きは伸び，利益や業績は良くなる」という見解があります。このようなとき，1つの要因の変化が，性格が異なるいくつかの結果をもたらすことも考えられます。単純な見解を表現しただけでは論理的説明として十分とは言えず，厳密に言えば決定関係も不明のままとわかります。実態を見ても，予想した関係が実現するときもあれば，実現しないときもあるでしょう。

ある事象（事象の変化）に複数または多数の要因が関わり，要因の動きや要因の役割に共通性や近似性があると予想されるとき，どうすれば，「何が，何を，いかに規定している」と簡潔に説明

第**8**章　論文構成の練り直し

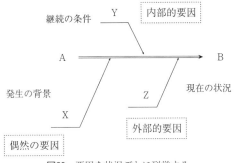

図20　要因を状況ごとに列挙する

できるでしょうか。主な決定関係にある要因や操作可能な要因と，通常は不変だが，時として影響力を示す外部的要因（構造要因，外部環境要因，またはパラメータとも呼ばれます）を考慮する必要もあります。そして，条件や状況ごとに，政策手段，事業経営の手段，効果・結果，攪乱要因・偶然要因の関係を整理していきます。そのためには，事象や要因（変数）の間の因果関係や決定のメカニズムを理論的観点から導いていくことが望まれます。あるいは，影響力を示す要因を具体的に列挙していきます。ときには，事象の発生要因と，その継続要因が同じか違うかを考える必要もあるでしょう（図20）。

　他方，条件や因果関係の連鎖を吟味していくと，ある結果が起点となり，それが別の結果を生む原因となることも珍しくないでしょう。原因の，さらなる原因となる関係が判明することもあると思います。このような状況においては，原因と結果の関係は認められているでしょうが，実は，その原因と見なされた事柄や要因について，それをさらに規定する別の要因が存在していること

第Ⅱ部　研究内容の論理的説明と論文作成上のルール

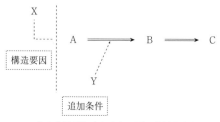

ある結果が起点となり，別の結果を生む。
図21　条件や因果関係の連鎖

になります。それが常時変動する要因でなければ，社会科学系領域では「構造要因」と呼ばれ，短期的には変化しない，1つの前提条件とみなされています（図21）。

　要因別分析や要因間関係の分析においても，（分析期間を長くとればとるほど）制度・政策や外部条件が変化することを考慮する必要が出てくるでしょう。また，（地域特性や組織特性が明白に認められ）地域別・組織別に想定すべき条件が異なるときには，そうした要因や作用を考慮するとともに，たとえば，組織内部に関わる要因と，組織にとっての外部環境に関わる要因を区別するなど，要因ごとの影響度の強さや優先順位（あるいは，規定力，因果性など）を考慮しなければならないと思います。

（4）論理的説明とエビデンスの提示

　経済学や経営学など社会科学領域の理論に基づく分析枠組の中で，第1に重要な点は，関心事における重要要因とその効果との関係や，原因と結果の関係を系統的・論理的に説明することです。第2に重要な点は，論理的に説明するとともに，数値や資料に基

づく経験的（empirical）な「証拠」，つまりエビデンスを示して説明することです。

2　論文構成の練り直し

　論文の構成（目次）や文章全体の流れを見て，まず，何を明らかにするか（研究の目的）が簡潔で明確に示されているか，説明や論証・実証の順番と論理展開は妥当で，わかりやすく表現されているかを点検し，論文の構成と論理展開を整えていきます。論点と論点の関係（要因と要因の関係）を考え，なぜ，そうなるかが適切に表現されているかを考えていくことが望まれます。それと同時に，それぞれの箇所に書かれた文章の長さや内容の妥当性や説明の順序，強調点とその裏付けの仕方の妥当性などを確認し，論文内容が意図した通りに表現されていて，どれほど説得力があるかを客観的に自己点検します。さらに，書かれている事柄だけでなく，何が書かれていないか（漏れているか）など欠落内容を点検し，必要に応じて，補正・修正していきます。

　言うまでもなく，重要な要因をバラバラに列挙・分散した形で表現すると，記述内容をきちんと理解されず，説得力は弱いでしょう。また，当該箇所や各部分では興味深いことを論じていたとしても，文章の流れや話のつながり方が悪いと，「論文としての完成度」が低い状態のままであり，「研究テーマや論点は興味深いが，文章としてまとまってない」ので，読み手は文意を正しく読み取ることができず，そのままでは，評価も低くなります。つまり，これは皆さんのテーマやアイデアの善し悪しの次元でな

第Ⅱ部　研究内容の論理的説明と論文作成上のルール

く，論文構想を具体化する上での文章表現や論理展開に改善の余地があるためです。よって，「論文としての完成度」を高めるための努力を必要としている状況と理解すべきだと思います。

　他方，テーマ設定の段階で結論が見えているような場合，それは論理展開に発展性がない（検討がすでに終了している）ことを示唆します。このように，論文としての基本要件が整っていることを確かめる上でも，また，「論文としての完成度」を高める点でも，目次等を定期的に印刷し論文構成を概観し，その内容を確かめ，必要に応じて修正していく（練り直す）ことが望まれます。

　なお，提出期限があり，研究期間が制度的に限定された論文は，ライフワークとは性格が違います。論文を書くための力量や準備量とも関わりますが，短期間に処理できないテーマを選択しないことが大事です。それと同時に，分析力（分析技能や手法活用力）を向上させ，文章・表・図の表現力，論理展開力を拡充することが望まれます。

3　研究の目的と明らかにできたことを再確認する

　自分は何を明らかにしたいのか。また，何を明らかにすれば，論文執筆の目的を達成できるのか。これらは研究テーマや研究目的の選び方や決め方と検討の仕方，論理展開の内容に関係します。一方，自分の考え（見解）の説得力を高めるためには，記述する内容を論理的に説明し，証拠を示すことが大事です。何を示せば，論文内容を充実させることができるでしょうか。執筆局面ごとの留意点を説明してみます。

158

第**8**章　論文構成の練り直し

（1）研究（論文）のテーマや内容をイメージしている段階

　論文作成の初期段階では，自分は何を論じたいか，関心事は何であるかを強く意識することが大切です。そのためには，自分が決めた研究テーマに関わる既存の研究書や研究論文を多く読み，自分が研究したい内容に関わることが先行研究でどれほど明らかにされているかを知り，それでも未解決なテーマや課題は何かを見つけ出すこと，それに応じて研究の対象や内容を絞り込むことが重要です。先行研究レビューの目的は，ある意味で，自分が研究したい内容に関わることが先行研究でどれほど明らかにされていないか，を確かめることでもあります。まずは，既存文献に書かれている内容や「既知の認識」を理解しなければなりません。既存文献内容の点検（レビュー）を通じて，自分の研究関心事に関わる問題設定を行い，研究テーマの論点を正しく把握すること，そして，それに関わる用語の使われ方を整理し，自分が納得できる定義をすることが望まれます。

　この段階では，さまざまな理論的文献や先行研究の内容を検討し，既存文献の内容に対して，自分が納得できない点や不十分な印象を持った理由や，自分が研究したい論点を明確化していきます。研究テーマが実証分析に関係するならば，既存研究（内容）でのデータを新しいデータに置き換え，現状に関する資料を整理できたとき，それは，他者に実状を概説するにはよいでしょうが，本来，実態確認だけでは，論文として十分とは言えません。改めて，自分の関心事は何であり，自分は何を明らかにすれば，研究目的を達成できるのかを考えてみます。

第Ⅱ部　研究内容の論理的説明と論文作成上のルール

（2）研究内容が固まり，研究が進展しつつある段階

　研究テーマに関する資料収集や論理構築など，論文構成が少し固まりつつある段階，さらには，文章化が少し進んだ段階では，研究の目的や中間的成果が論文草稿（文書）にどれほど適切に反映されているかを点検し，研究の進捗状況を確認します。研究テーマについて本質的に重要なことは何であり，それが適切に含まれているか，このまま進めてよいか，どうすれば論文内容を充実させることできるか，などを定期的に考慮します。また，自分の見解の説得力を高めるため，研究内容をいかに論理的に表現し，どのような実証的証拠を示すべきかを考えていきます。この段階では，自分の研究内容と既存の研究内容との関係を他者に説明できるようにすることが大事です。

　一般に，誰でも，自分の研究内容が既存の研究内容と違う点，つまり独自性の出し方に悩みます。学生だけでなく，研究者の多くも，そうした状況に日常的に直面しています。この状況から抜け出すには，たとえば，理解した実態を理論的見解とつき合わせながら，条件や状態に応じて場合分けして考えるなど，さまざまな視点から検討します。その時点までに何を明らかにできているかを確認しながら，また，自分は何を明らかにしたかったかを改めて，じっくりと考え直してみる必要もあるでしょう。研究の進捗状況を振り返り，進めるべき方向性を模索・確認することは，研究（論文作成）上，何度か直面することと思います。

（3）当初計画した研究内容の文章化ができつつある段階

　文章化がある程度できたと思える段階では，何をどの程度，明

160

らかにできたか，とくに，何が重要とわかったかを考えます。一番言いたいことを，適切に表現できているかを自ら点検してみます。研究テーマがどれほど興味深くとも，論点やそれぞれの検討内容が的確に記述できていなければ，論文全体の価値や評価は大きく下がることを忘れてはなりません。テーマに関連する実態・状況を検討した結果や統計データを用いた分析結果を的確に表現することが望まれます。一方，研究内容のうち，文章表現から漏れている点があれば，文章として本文に書き足す必要があります。また，ある程度，書いたと思うならば，既存文献での類似した研究内容との違いをわかりやすく表現できているかを確かめます。そもそも，自分の研究テーマや着目した論点をなぜ取り上げたかについて，研究の背景や研究の意義を，唐突ではなく，他者がわかるように適切・妥当な表現で説明できているかも改めて確認していきます。

（4）文章化をほぼ終えた段階

　論文の文章化がほぼできたと思える段階（終盤段階）では，既存研究の内容と自分の研究内容との違いを比較して，自分の研究内容や研究結果のどこが独自的で新しい点か，それをいかに主張（アピール）できているかを確認することが望まれます。実証分析の場合，従来の結果と何が違うかを確かめてみます。また，新しい結果を導くことができたと思う場合，その結果が意味することや解釈の仕方は妥当かを考えます。それを強く主張できないとすれば，自分なりに努力した部分やこだわった部分から，何が言えそうかを考えてみましょう。そして，主張点をわかりやすく適切

第Ⅱ部　研究内容の論理的説明と論文作成上のルール

に表現できているか，細かい部分について書き漏らしがないかなどを点検し，結論部分に，「発見事実」を含めて，明らかになった点や，研究目的に対応した結論が明記されているかを確認し，論文の完成度を高めていきます。

4　考える力

（1）「知ること」と「考えること」の違い

　論文作成は，ある意味で，「知る，考える，書く，読み返す」，この繰り返しです。

　問題意識と分析枠組が明確に表現され，研究内容が論理的に展開できているでしょうか。また，執筆中の論文（草稿）が現状でどれほどの説得力を持つか，また，このまま進めた結果の説得力はどれほどか，とその都度，考え，自分が書いた内容を自ら修正していくこと（自己修正能力の向上）が重要となります。

　事象・実態やその課題を知りたい気持ちは研究の出発点となるでしょうが，研究においては，何かを知りたい（know what）という点や，どのように対応すべきか（know how）を見つけることよりも，その背後にある要因や要因間関係の解明，つまり，「なぜ，そうなるのか」という問いかけや考察（why）にまで踏み込むことが重要です。厳密に言えば，この問いかけがないと研究と呼べないかもしれません。さらには，理論に関連付けられた視点や理論に基づいた分析枠組（フレームワーク）がないと，解釈が表面的または個人的印象という性格を強める恐れがあります。

　一般に，①問題の立て方と回答の仕方について，何（What），

なぜ（Why），いかに（How to）の観点を考慮して表現することが基本となります。②理論的・概念的に考えられる望ましい状況，または，あるべき姿（to be）を考えるとともに，あるべき姿と現状の差をどのように理解し，その差をもたらす要因を検討していくことが重要となります。

その場やそのときの情報を知ることや専門用語の意味を知ることで作業が終わってしまうと，個人の学習となります。インターネット情報の中にも一定数の解説記事（事項説明文書など）はあるでしょうが，それらの大半は知識の補充と整理を支援する手段に過ぎず，研究内容の次元そのものではないと考えてください。専門用語や個別概念に用いる説明の論理についても，元となる理論と結び付けて，学術的・体系的に理解することが必要です。

（2）「なぜ」の視点から考える

「～（研究テーマに関わる課題または研究対象）」について実態を調べる（知る）ことと，課題や対象の特徴を知り，それと別の要因との関係を分析する（考える）ことは別次元のものです。

繰り返して言えば，「～（事象や実態）」について，関心を持ったことを調べて書くだけでは，調査報告書の性格が強まります。調査報告書は，事実・実態について調査した内容を記述することを目的とします。そこでは，「現状がどうなっているか」を知り，調査内容の紹介・記録，特徴描写，要となる用語や条件の調査対象間での異同などの形式的比較，他文献での資料や結論の抜粋・引用，実態の整理は系統的・網羅的になされますが，先行研究との比較・検討に対して大きな比重は置かれません。

第Ⅱ部　研究内容の論理的説明と論文作成上のルール

　他方，研究では，「なぜ，そうなるか（構造や理由の把握）」に比重が置かれ，それをいかなる理論や論理で説明し，それにかかわって，どのような証拠を示すかを基本的な特徴とします。研究は，学術的観点に立ち，研究上，未解決のテーマに取り組みます。現状の課題や結果を見ながらも，その原因を探ることに比重が置かれます。原因，その原因の原因，さらに，その原因など，必要に応じて，究極の原因を探り当てていくことも少なくないわけです。そのときには，原因や要因の元となる根本的な事柄（究極の原因）を明らかにして，それらを解決・解明しようとする姿勢（探究心）が必要となります。

第9章

研究成果をどう表現するか

――目的と成果の関係を意識しよう――

1　研究を通じて明らかにしたこと

　研究成果とは,「研究・分析を通じて」明らかにしたことを意味します。そのときの「研究・分析を通じて」とは,研究論文の中で,論理的・実証的検討を重ねて導くプロセスを言います。

　また,「明らかにしたこと」とは,従来は明確でなかった点を明確化したことです。研究・分析を通じて導いた考察結果や,論理的・実証的検討で裏付けたことや,資料やデータを分析して「発見」した事柄のうち,先行研究になかった事実・実態(つまり,新しい知見や発見事実)を意味します。「明らかにしたこと」は,「何が言えたか」に対する返答内容であり,「何かを言えたこと」と呼び換えられることも多いです。とくに仮説検証型の論文において,「明らかになったこと」とは,想定した見解が妥当であると判明したこと,または(検討内容の一部が)妥当と言えないと判明したこと(および,その検討の過程でわかったこと)です。

　以上のことを要約してみましょう。研究成果を表現する方法について,第1に,研究の結果,「何が明らかとなったか」を読み

165

第Ⅱ部　研究内容の論理的説明と論文作成上のルール

手にわかるように明確に書きます。たとえば，仮説検証の結果を書きます。あるいは，先行研究の内容と比較検討（考察）した結果，「新しくわかった点はここだ」と書いていきます。論文内容の発表や説明の場において，読み手や第三者から「何がわかったか」「新しい点は何ですか」と聞かれる前に，「この点がわかった」「ここが新しい」と書いておくことが望まれます。考察を通じて初めて判明したこと，数値（水準，割合，比率）としての発見内容や「発見事実」，その他，研究する前には必ずしも予想してなかったことなど，新しくわかったことを書いてアピールして欲しいと思います。検討事項が多く，分析内容が複雑なテーマの論文では，研究目的のどこまでを分析・解明したかがわかるように説明することがその研究の評価を左右するでしょう。

　第2に，バラバラな事実情報や論点を，理論や概念等に従い系統的に整理したことも1つの成果と言えます。ただし，順序立てて示した（「まとめた」「まとめ直した」）ことにとどまることなく，「まとめた」結果，何が明確になったか（まで）を表現すると研究水準は向上すると思います。自分の研究結果からわかった点と，従来の理解内容とを対照した表を示して説明することもよいでしょう。

　いずれにしても，読み手は，どこまでが既に知られた内容（既知の認識）で，どこからが，その論文での新しい研究成果かを確かめようと思いながら，論文を読んでいます。種々検討して整理したことや既存情報をうまく「まとめたこと」は，必ずしも，新しくわかったこととはみなされないこともあるでしょう。上述したとおり，既存情報を並べてまとめただけでは報告書の性格に近

166

いという印象を強めてしまいます。

　また，要因や原因についての解明が完全とは言えないと自覚していて，「〜と思われる」と書くときにも，自分がそのように考えた理由や根拠を述べることが望まれます。

　一方，研究内容に基づかないで，つまり，論文の本文中での十分な検討（論証や実証）もせず，論文を書く前から自分が持っていた見解をそのまま結論として言明しても，「研究を通じた」結論と呼ぶことはできません。論文を書く上で，とくに差し控えなければなければならない点です。

2　研究成果のまとめ方

（1）研究の目的・方法と成果

　実態を分析すると，さまざまな情報を得て，関連する事実や研究対象の内容がわかってきます。うれしくなるでしょう。しかし，入手した情報や知識を列挙するのは初期段階の話で，そこでとまってしまうと，十分な研究とは呼べないかもしれません。情報や知識を収集する目的は，研究テーマの解明に関わる実態把握そのものではなく，自分の見解に対する論拠・証拠（エビデンス）の提示，または事実的証拠に関連させるためです。

　まず，何が研究の目的かを明確に示し，その目的に対応して，本来，説明すべきこと（論理およびエビデンス）は何かを整理します。なぜ，その研究テーマ，論点，事例を選んだか，注目した問題点や論点（論争となり得る点）を可能な限り，理論的・政策的・事業経営的観点などから，類型や系統性を考慮して示すとわかり

第Ⅱ部　研究内容の論理的説明と論文作成上のルール

やすくなるでしょう。その際，自分の研究の方法（統計分析，事例分析，サンプルや事例の選び方など）も簡潔に説明します。

また，自分の論文で，研究テーマや設定した論点がどれほど解明できたかを論理的に説明することが望まれます。つまり，研究テーマが立派であることより，研究目的をどれほど達成したか（目的達成度），研究目的と研究成果の関連性を意識して記述することが望まれます。

要するに，研究結果や得られた知見を整理するとき，新しくわかったことを研究成果として示します。第1に，研究を通じて何を明らかにしたかを述べます。分析結果を，簡潔で，明快に表現することが大事です。自分が新たに示した内容や自分が見出した「新しい要素」とその意義をわかりやすく説明していきます。重要な事柄を適度に繰り返して説明することもよいでしょう。第2に，先行研究で示されていた点とそうでなかった点，および，先行研究の結果と比較して，自分の研究でわかったこと（自分の分析結果）を簡潔・明瞭に述べます。自分の研究結果が持つ意味や研究の学術的意義を意識して，分析結果の新しさや強調したい点を，順を追って説明していきます。また，予想した分析内容と実際の分析結果とを比べて，検討テーマに関わる研究（成果）の含意を引き出します。事例研究であれば，事例の特徴や事例間での共通性を説明することが望まれます。第3には，それらの研究結果のうち，とくに分析内容の特徴や先行研究との比較分析の上で強調したい点があれば，一覧表示して示すと良いでしょう。可能であれば，簡単な形でよいから，その一部を図示してみると，よりわかりやすくなる（そして，学術的研究水準が高まる）でしょう。

168

第**9**章　研究成果をどう表現するか

（2）研究成果の表示・図示

　研究成果を表示する際，作成する表の縦と横の項目にどんな要因や指標をとるか，また，研究成果を図示するときには，作成する図の縦軸と横軸にいかなる要因（変数）をとるかに留意が必要です。言い換えると，観察した内容や研究成果を整理する際の基準となる要因（変数）の選び方や組み合わせ方が，図や表を作成する上で根本的に重要となります。図・表の縦軸と横軸にとる要因や尺度等をさまざまに変えて，研究目的と合致するかどうかを確かめながら，研究成果のわかりやすい表現・表示方法を検討してみます。これらの表や図を作成する過程を通じて，検討の重要な副産物として，自分の研究内容についての理解がいっそう深まると思います。

3　表現方法と説得力

（1）重要度を考慮した，論理的で具体的な説明

　第1に，研究テーマに関連して着眼した事象・実態や検討対象を説明する際に，複数の説明要因・説明項目の列挙ではなく，何らかの根拠や基準に基づき，それらの要因に優先順位をつけて論じることが望まれます。たとえば，「近年，サービス業の比率が高い」と書いて終わるか，サービス業の中の何が大きいか，何が拡大しているか。具体的内容の例示をしてみることや，また，なぜ拡大しているかについて，異なる視点から，その要因や理由を考えてみることで，説明する内容に深みが出て，分析水準や説得力が高まっていきます（その際，統計数値や固有名詞を多く示すと，

169

第Ⅱ部　研究内容の論理的説明と論文作成上のルール

■□コラム　17□■

アイデアの「メモ書き」

　論文内容の具体的な記述は定型作業でないため，パソコン画面に向い，論文の文章を常にスラスラ書ける人は少ないでしょう。たとえば，分析を進めていくと，素朴な疑問が出てきます。○○と△△はどのような関係にあるのか。あるいは，××が全体の基盤的機能ではないのか。何らかの瞬間に浮かんだアイデアや気付いたことを研究メモとして残しておき，後でそれを検討し，有意味であれば，その内容を活用します。それは論文の細部を補強する上で，意外と有益です。これらのアイデアを忘れず記録するためには，アイデアが頭に浮かんでくる回数，頻度とそれをメモする手段（紙媒体か電子媒体か）やタイミングを考え，自分に合った方法を見つけるとよいでしょう。

抽象的でなく，いっそう具体的な検討ができるでしょう）。

　第2に，自分の見解がどのような条件の下で成立するかを述べておくと，一点のメッセージでも，抑制がきいた説得力を持つと思います。他方，提言することだけを主目的とすると，アイデアの羅列のようになりかねません。自分が着目した事実や実態に対する政策理論的・事業経営的検討を通じて，なぜ，その提言の1つひとつが望まれるかについてと，提言内容が導かれたプロセスを示すと説得性が高まるでしょう。また，提言する内容・項目間で相互に矛盾がないように配慮する必要もあります。

　第3に，自分の意見の正しさ（正当性や妥当性）を述べる際，「通説でも同様の内容を示している」と言及することがあります。しかし，先行研究においても，研究テーマや検討対象に関わる見

第9章　研究成果をどう表現するか

解や意見が対立している（複数の見解が併存している）ことは珍しくありません。よって，通説に言及する際には，その代表的論者の文献名を少なくとも1つ以上示しながら，比較検討することが研究論文としては重要です。さらに，先行研究における見解とのアナロジー（類似内容の当てはまり）とみなすときでも，本当に同様または類似か，どの程度類似かがわかるように表現することが望まれます。

　第4として，「誰が，どこで，何を，いかに書いていたか」，すなわち，著書，論文，新聞・雑誌，インターネットなど，引用文献，参考文献の情報源として資料の出所を明記することは論文作成の基本です。「皆が言っているように」という伝聞型の表現や「よく知られたとおり」という常識や通念に訴える責任回避の表現を避けることが望まれます。「～といわれている」「～とされている」というマスコミがよく使う表現は，誰の見解か不明であり，研究論文での表現として不適切だと思います。上で述べた通り，最低限でも代表的論者とその文献名を示すことが求められます。

　第5に，話題（論点）を絞って説明することも大事です。知識が豊富な人は一度に多くのことを説明する性癖があります。とくに，「触れておく」（指摘・言及しておく）という表現も知識・見識を披露しておきたいという気持ちの1つの表れと思いますが，十分な説明もなく，単に指摘しただけでは，積極的な検討と言えず，未整理・未検討で手つかずの状態だと見なされかねません。さらに，論文中にさまざまな列挙や追加的言及などを加え，装飾的な知識・情報を示す程度が度を越すと，読み手の理解を困難にするでしょう。話題（論点）の拡散や複数の話題が混入・並行した説

171

第Ⅱ部　研究内容の論理的説明と論文作成上のルール

明は好ましくありません。いずれにしても，論文では言及の仕方に留意するとともに，話を必要以上に広げないことが大事です。とくに，論理的説明の途中において，「原因と結果」に直接関連しない要因を（該当箇所で）過度に挿入しないことが望ましいと思います。

（2）全体的な話と個別の話のバランス

　教科書に書かれている一般論だけで話（記述内容）を終始せず，特定のテーマや具体的な話題を取り上げて分析し，検討していくことが重要です。「総論あって各論なし」の状況に陥らないよう注意してください。他方，細かい事実の列挙や論点の指摘を続けるだけで，全体として何を検討しているかが不明になると，「各論あって総論なし」の性格が強まります。予定している論文構成（目次）を見ながら，検討対象に関する理論的・概念的説明を適宜，行う必要があります。これに関連して，引用の程度と引用の頻度が多いことは，他人依存度が高く努力不足と見なされることもあります（先行研究レビューの箇所や法律・法文の引用を除きます。また，歴史系領域の論文を除きます）。

4　研究内容の説得力と独自性

（1）研究内容の表現と説得力

　研究結果あるいは研究内容の説得力を高めるために，第1に，いかなる論理で説明し，どのような論理展開をすれば，理解されやすいでしょうか。第2に，どのような証拠を示せばよいでしょ

第**9**章　研究成果をどう表現するか

うか。第3に，自分が研究する目的や狙いは何だったでしょうか。第4に，何を明らかにできれば，その目的を達成できるでしょうか。これらの点を考えながら，おのおのの事柄をきちんと実現できているか，わかりやすく記述できているかを定期的に確かめることが重要だと思います。

（2）研究内容の独自性や新規性

　自分が研究した内容の「独自性」や「新規性」を説明し，強調します。独自性とは，論文執筆者が自由に設定または主張できるものではありません。学術界での認識，または，先行研究で明らかにされていることを基準として判断されるものです。基本的に，すべての研究は先行研究の結果と対比する形で，「新しい」要素を説明することが求められます。何を観察できたか（what）に関して，研究の着眼点，検討対象の特徴，研究の結果や研究方法の独自性など，他にない要素を示します。たとえば，対象に関わる事柄（実態）がいかにして現状に至ったのか（how），あるいは，なぜ，そのような展開を実現できたのか（why）に関しては歴史的背景や歴史的過程（経緯）ならびに対象に直接関係する（内在する）要因や対象を取り囲む周辺的・間接的要因などを含めて，特定結果の成立条件，因果関係を検討し，記述していきます。把握した事実の記述で終わるのではなく，自分が分析した内容と先行研究（既存文献）結果との違いや類似共通点などを考えることが大切です。そして，設定した研究テーマや課題への自分なりの解答を示し，研究の含意等を述べていきます。

　ただし，学生が書く論文における「新規性」や「独自性」には，

173

第Ⅱ部　研究内容の論理的説明と論文作成上のルール

研究成果の内容とともに着眼点や研究方法やエビデンスに関わることが含まれてくると思います。例示すると，次のようになるでしょう。

　第1に，従来の研究と「異なる」（ときには，誰も使ってなかった）データや資料を用いて分析した。

　第2に，自分で調査した事例等の情報に基づいて研究した。

　第3に，分析期間を最近時まで延長して分析した。または長期間に及ぶ変化の過程を検討した。

　第4に，より説得的なエビデンスを示した（とくに，統計的検定の説明力水準を高めた）。

　第5に，統計的に厳密な処理や分析をした。

　第6に，自分の着眼点を仮説や見解に結び付けて分析し，その妥当性を立証した。

　第7に，注目した対象をいかに説明するかについて，新しい論理を形成して，その妥当性を検討した。

　第8に，自分で検討して導いた結果を自分なりに整理・集約して示した。

　第9に，自分で作った表や図を1つ以上示した。

(練習問題)

　研究テーマと研究を通じて明らかにしたことを，数行，または，A4用紙1枚の範囲で示してみよう（文量や書式は自由）。

第10章

研究成果を自己点検しよう

——論文評価のポイント——

1 論文評価の対象と基準

　学生が書いた論文に対する評価は，学生の着眼点や研究のアイデア・見解の次元ではなく，基本的に，論文（書かれた文書）の内容に基づいて評価されると思います。具体的に言えば，論文は，各自が選んだ研究テーマを検討した論理，そのときに援用した理論や概念の使い方の適切さ，研究した成果や導いた結論の妥当性やもっともらしさ，そして全体として，文章を通じて他者に論旨を伝える表現のわかりやすさや論文目的の「達成度」などに基づいて評価されるだろうと思います。それは，第三者の目から見て，「説得力ある文書」となっているかどうかという基準とも言えます。その意味では，自分が書いた論文（書いている草稿）を，作成途中段階で，客観的な視点から自己評価できるのではないでしょうか。

　一般的に言えば，論文（「書かれた文書」）における，①研究目的の適切性や学術的意義，②目的達成度と努力・工夫の度合い，③比較検討・考察の度合い，④論理的妥当性や説得力，⑤文章表現

175

第Ⅱ部　研究内容の論理的説明と論文作成上のルール

力と説明のわかりやすさ，⑥独自性・新規性または学術的貢献度，などから総合的に評価されることになります。

　ただし，学生の論文作成を指導する教員（教育課程における評価者）は，以下のような要因に基づき，幅広い視点から評価すると思います（重視される点は，教員により異なると思います）。

　①研究目的が明確で適切であるか。

　②資料等を自分で分析した努力の跡が見られるか。

　③対象についてより多角的に比較・検討しているか。研究テーマに対する理解や考察を深めているか。

　④論理的分析・検討の過程を通じて，結論を導いているか。

　⑤研究内容の表現がわかりやすく，結論に説得力があるか。

　⑥先行研究の検討を踏まえて，自分独自の着眼点や見解を示しているか。または，論文作成の過程や結果に独自性があると感じられるか。

　⑦参考にした文献や資料の出所を，使った箇所で適切に明記し，参考文献として一覧表示しているか。

　繰り返しとなりますが，論文の評価に関する一般的な基準は，第1に，先行研究を適切にレビューし，各自が「未解決の課題」と理解した内容に対して，論点を適切に定めているか。または，新しい研究内容を示し，研究テーマに関わる研究状況を改善しているか。

　第2に，自分の研究内容や自分の見解・仮説を適切な方法で示し，その考えの正しさ（見解の妥当性）を検討しているか。

第**10**章　研究成果を自己点検しよう

　第3に，1次資料レベルや自ら調べて得た情報に基づいて検討するなど，適切なプロセスを踏んで，証拠（エビデンス）を示して結論を導いているか。

　第4に，自分が発見した内容や独自に引き出したことは何だとはっきりと書いているか。自分で作った表や図を1つでも示しているか。

　第5に，結論を導いた手順が適切で，論理展開が妥当と言えるか（今後の研究の方向性を明確化しているか）。

　これらが評価に関わる中心的事項だと思います。

2　目的達成度と説得力

　評価のポイントと重なりますが，論文の完成度や説得力は，何（いかなるテーマ）を取り上げたか，ではなく，「書かれた文書」に，①どれほど説得力があるか。②どれほど矛盾ない構成か。③どれほどわかりやすい説明か，④新しい点はどこか，に基づくでしょう。

（1）説得力を高める努力と工夫

　説得力を高めるには，論理的に曖昧さや矛盾がない説明を行う（論拠を明確にする）とともに，証拠（エビデンス）を示して説明することが基本となるでしょう。

　伝えたいこと（メッセージ）をわかりやすく，簡潔で明快に表現していきます。説明・検討する内容に優先順位をつけ，論理的に示します。つまりは，相互依存関係や因果関係を明確に整理し

177

第Ⅱ部　研究内容の論理的説明と論文作成上のルール

て示すことが必要であり，理由を示して結論を述べることが重要
です。たとえば，「何が，何に，いかに関係する」「何と何が，い
かに関係する」「何が，何を，どれほど決定する」を明確に表現
していきます。

①比較検討の視点と結論導出の過程

　既存データや有力な意見を紹介し，自分の解釈を示しただけで
は，比較検討の記述と呼べないかもしれません。「討論」や「考
察」という節や項目を設けて，その中で最低限の検討内容を示し
た後に，結論に至ることが読み手に対する説得力を高めるでしょ
う（その検討や考察の過程を示すことも大切です）。論理的に飛躍し
た形で，短絡的に結論を出すことを避けてほしいと思います。

　そのためには，作成した文章を，一定期間をおいて（作成の翌
日，翌々日以降に）読み返す習慣をつけることが望まれます。また，
納得のゆく論文を書くためには，集中力を高め，知的に「格闘す
る」ことが大事です。

②検討・分析対象の客観性

　都合の良いデータや優良事例だけを用いた分析には，結論に歪
み（バイアス）が出ることが多いという側面を認識しておくこと
が大事です。たとえば，特定テーマの事例研究を行うとしても，
その結果を，別の客観的基準と比較して，評価していきます（そ
の検討過程も記述します）。もちろん，同じ条件下で出発しながら，
異なる結果に至った複数の対象物，対象事象，対象事例を比較・
検討することが論文において本来は望まれています。

178

第**10**章　研究成果を自己点検しよう

（2）自分の見解の妥当性を論じる

　多数の知識を披露し，書かれた内容が散漫となるのは好ましくありません。関連事項を列挙しただけの表現（それは研究の初期時点と見直し時点での，手元メモ作成の作業と言えます）を避けることも大事です。一方，情熱があふれすぎて，同じことを，必要以上に何度も繰り返して述べることも駄目です。まずは，論文で取り上げる問題点（論点）がいくつあるかを，論文の冒頭部分で簡潔に整理して示して，それに沿って１つひとつ論じていくことが望まれます。

　これと関連して，自分の考えが正しい（見解が妥当である）と論じるに際して，権威主義に陥らないように留意してください。○○先生の説，△△機関の公式見解，欧米での主流見解であるなどと書いて，自分の意見には「お墨付きがある」とか，自分の意見は「論じるまでもなく正しい」というような論じ方や書き方（権威主義への依存）をやめるべきです。「著名な人がそう述べている」ことを正当化の理由とするだけでは論理的説明になっていません。いかなる根拠に基づくかを自分なりに論じることが求められます。著名な人の名前を単に出す場合に限らず，他人の見解を誤って使っていることもありえます（政治的勢力としての正当性・正統性でなく，研究上の論理的妥当性が重要です）。大事な点は，適切な論理と，自分が作成した客観的エビデンスを示して結論を導くことです。そもそも，他人の解説文や他人の資料に過度に依存しないことも重要です。

第Ⅱ部　研究内容の論理的説明と論文作成上のルール

3　自己点検

（1）論文でもっとも言いたいことを適切に表現できているか

　自分の結論が論理的で説得的に表現（説明）できているかどうかを自ら点検することが望まれます。エビデンスは適切に示されていますか。結果に結びつく理由の示し方（論拠）は適切で，妥当でしょうか。強引な論理や無理な解釈となっておらず，自然でわかりやすいですか。文章表現の基本は 5W1H，または 6W2H です。説明不足や言葉足らずになっていませんか。結論を導く論理，または結論に至る論理展開（話の流れ）は妥当でしょうか。

　いかなる執筆者も，論文作成の最終段階で，この論文で言いたかったことはいくつあり，言いたかったことを明確に表現できているか，と自ら問い直すことが多いと思います。

　余談となりますが，論文内容の報告や質疑応答に際して，「結局，言いたいことを要約すると何ですか」と聞きたくなることがあります。報告者は多くのことを言いたいのかもしれないですが，話を聞く側は，「何がもっとも大事な点ですか」，または「中心的な事柄は何ですか」と聞き，それを把握したいと考えています（当人がその点を説明してくれることを希望しています）。ときには，「十分には書けてないです（論文本体には書いてないです）が，言いたいことは次の通りです」という発言を聞くこともあります。このときには，「今話してくれたことをそのまま，きちんと書いて欲しかったな」と思います。

180

第**10**章　研究成果を自己点検しよう

（2）提出期限がある論文と，論文内容全体の見直し

　言いたいことを，きちんと書くことが重要なのは誰でもわかっているでしょう。しかし，提出期限を限られた文書作成の場合，作業上，まだ手つかずの部分，未完了の事柄，検討課題が残っていると，その処理・補強に気持ちと時間をとられてしまい，結果として，論文全体の通読と見直しがおろそかになる恐れがあります。期限を限られた文書作成の場合，とくにそのようになりがちです。

　1つひとつの研究テーマや課題に本来，さほどの優劣はないでしょう。論文としての基本的な事柄が適切に表現できているかを確認し，論文の内容や表現等を改善する（論文としての完成度を高める）ために，論文全体を読み返す「時間的ゆとり」を持つことが強く望まれます。

（3）作成中の論文を印刷して，文章の内容と表現を改良する

　論文作成が進み，自分が書いた文章が長くなるにつれ，ディスプレイ画面上だけでは，文章全体の流れを十分に把握できず，細部の表現や，密接に関連する事項が文章中で「離れ離れになった」状態に対して気付かず，必要な修正を適切に行えなくなることがあります。また，できあがった文章への挿入や削除などの修正や編集を繰り返していくと，当初の文章における「つながり関係」が変化し，文意が不明確となることがあります。さらには，論理展開等が変わってくることもあるでしょう。

　論文作成は，自分が頭の中で考えていることを，文字として表記する行為でもあります。部分的・断片的に修正した事柄を適切

181

第Ⅱ部　研究内容の論理的説明と論文作成上のルール

に統合するためにも，作成中の文章を定期的に印刷して通読することがよいでしょう。印刷（作成）された文章を（それを執筆した時から一定の時間経過の後で）読み返すと，大なり小なり，修正が必要な点に気付くでしょうから，読み返し（とくに通読）と修正を繰り返していくことが大事です。修正回数が多いほど，文章表現は大きく改善されるでしょう。読み返し（通読）と修正の過程を3回以上，繰り返すことが理想かもしれません。

4　理解しやすい文章

（1）論旨の明確化と文章の長さ

　私を含めて，多くの日本人について，日本語表現の見直しや再確認が常に求められているのではないでしょうか。第1に，主語と述語の関係を明確にする必要があります。論文では，できる限り（または，必要に応じて），主語を示し，主語・目的語・述語などの関係を明確に示すことが求められています。文書作成では，「てにをは」をはっきりさせる，適切に表現することも大事です。

　第2に，論文においては，1つひとつの文章を短くすることが望まれます。それは，主語と述語の表示位置が離れると，主語と述語の関係がわかりにくくなることとも関係します。

　第3に，修飾語のかかり方に注意することも大事です。①修飾語と修飾される用語の表示位置が離れると，両者の関係が不明となり，文意を読み取りにくくなります。とくに，②文章が長いと修飾語のかかり方がわかりにくくなるでしょう。

182

第**10**章　研究成果を自己点検しよう

（2）他人に説明することと，言葉不足の克服

　論文作成は，一人で文章の作成や修正を行うことを基本としています。しかし，さまざまな理由により，頭の中で考えが堂々巡りして，適切な修正を行うことができなくなる（作業が進まなくなる）こともありえます。そのような時も含めて，友人や先生と対話して，意見をもらうことも重要です。他人の前で発表することはとくに有効です。発表するとなると，発表の準備をするでしょう。それは，論文の要点を抜き出す作業を伴うので，論文内容全体を概観し，論点・論旨や用語・細部表現のあいまいさを解消する契機となることが多いため，とても有益だと思います（次節を参照）。

5　研究発表時のコメント活用

（1）研究論文の概要発表と論文執筆

　ゼミ（演習）や研究報告会で論文の概要を発表するとき，説明用の簡単な文書，すなわち，レジメを使って報告することが多いと思います。レジメとは，説明する内容を手短に示した要旨を指し，概要，骨子とも言います。それは提出論文に付ける「論文の要旨」とは違い，論文の趣旨や説明内容を簡潔に記載し，発表時に使う（配布する）ための報告要旨を指します。多くの場合，レジメには，論文の目次，見出し項目ごとの関連内容および論文で書く予定の内容を記しているでしょう（領域と人により，また目的と状況により，報告レジメは骨格だけの短いものもありますが）。よって，報告レジメを元にして論文本文の執筆（論文作成）へと進む

183

とすれば，報告レジメに細部の内容を書き加えていく点で，レジメと論文は連動した関係になります。経済・経営系など社会科学領域では，論文レジメの報告時に図や表を添付する形態が多いと思います。

　さて，第1に，報告時にはパソコンでのプレゼンテーション用ソフトを用いて報告し，論文は文書作成用ソフトを用いて書く形態があります。プレゼン・ソフトでは，スライドごとに内容が「完結」する側面とスライド間の内容が「分断」する側面があります。その結果，報告後にスライドページごとの内容を文章化するとき，内容や分析水準，項目区分の程度など分析視点の細かさに濃淡が生じていることがあります。そのような場合には，目次または論文構成の全体的なバランスを意識しながら，スライドごとの内容を無理なく統合していくことが求められます。

　第2に，レジメと論文を区分しないで，発表段階から，文書作成用ソフトを用いてフル・ペーパー（その時点までに書いた文章全体）の状態で発表する形態もあるかもしれません。目次の部分を除くと，報告者の作業進捗状況に応じて，文章形式で書いた部分と，章の題名や項目名だけしか書かれてない部分が混在することになります。フル・ペーパーでの発表の場合，発表資料の枚数が長くなるので，目次を示していたとしても，論文全体の構成，記述内容の濃淡（概括や詳細の度合い）のバラツキ，取り上げた内容の全体的なバランス，その時点で文章にできていない事柄や事項を考慮して論文全体の論旨を説明することが，発表内容のわかりやすさを確保する上で不可欠となるでしょう。

（2）研究発表時の質問や意見と説明不足からの気付き

　他人の前で発表すれば，さまざまな質問や意見が出るかもしれません。発表者は同じことを継続して考えていますから，そこまでは説明しなくても良いだろう（言わなくてもわかる）と思った点や，自分としては「論じるまでもなく，当然のこと」と思った点についても質問されることがあります。話を初めて聞く人からは，発表した内容の前提条件，背景事情，既存の関連知識についての質問だけでなく，研究の意義や結論の含意についても率直な意見や質問が出るかもしれません。それに答えていくには，発表内容の中心的事柄に関する理解や考慮と，わかりやすい説明が求められます。自分では，「わかっているつもり」の点でも，（その内容を初めて聞く）相手にうまく説明できるかどうかは，自分の理解や整理にあいまいな部分が残ってないかを自覚させるきっかけとなるでしょう。

　自分が説明しなかった基本的な事柄や，他人から質問や疑問を出された点を適切に修正していくことが，発表後に，論文の質を高める（論理展開や内容・表現などを適切に改善する）点で大変重要です。自分が気付いてなかった点の指摘や建設的・指導的助言を得た場合，批判されたと考えず，貴重な点を指摘してもらったことに感謝すべきです。結局，論文は文字で表現する行為ですから，「書いたつもり」でも，相手に伝わらなければ，言葉が不足しているか，説明のしかたが悪いわけです。さらに言えば，論文では，口頭での補足説明を必要としないように表現しなければならないのです。こうした点も考慮しながら，より深く理解し，整理した内容をていねいに説明できれば，研究成果のいっそう明瞭な表現

第Ⅱ部　研究内容の論理的説明と論文作成上のルール

に結びつくと思います。

(練習問題)

　自分の論文について，現時点で予想される結論や研究成果は何ですか。簡潔に示してください。あるいは，自分の論文の目的（研究の目的）に対して，どのような結論を出すことが望ましいと思いますか。具体的に説明してください。

　また，自分の研究の独自性や新規性は何ですか。さらに，自分がとくに努力した点や訴えたい点は何でしょうか。

　それぞれ3つ以内の文章，または5行以内で説明してください（これらの設問を検討する過程で，自分の説明は論理的に説得力があるか。自分が導いた結論とエビデンスとの関係は，適切で十分かどうかを確認してみましょう）。

第11章

研究に近道なし

——本書全体のまとめ——

1 課題の絞り込みから検証まで

　研究の出発点から具体的な論文作成作業を始める段階までの検討事項は，研究テーマの絞込みと決定，研究の目的と学術的意義の明確化，先行研究レビュー，研究方法の選択などです。研究目的，研究対象，自分が想定している要因間の関係，つまり，原因と結果，要因と効果の関係を明確に説明していくことが重要です。その後は，自分の見解が説得力を持つように論理的に練り上げ，エビデンスで裏付けて表現すること，および，分析した結果の解釈に際して，先行研究結果との比較という形式をとることが望まれます。

（1）研究の準備と文献情報の検索

　まず，何を明らかにするか（研究の目的）を明確に示します。（〜について関心があるという）自分の研究関心事や問題意識を明確にすることが研究の出発点です。ただし，論文を書く期間は限定されているので，関心を持ったいくつかの「大きな」研究テーマ

187

第Ⅱ部　研究内容の論理的説明と論文作成上のルール

や検討事項の中からテーマを絞り込み，その結果，いくつかのアイデアを放棄する勇気も必要となるでしょう。

　研究の目的とテーマを決めた後は，その研究テーマに関する先行研究をレビューし（既存文献を読み込み）ながら，研究テーマについて，すでに明らかになっている事柄を知り，自分が抱いた問題点や論点がなお未解決かどうかを確かめます。同時に，自分の研究（自分の考えや見解を示し，その妥当性を明らかにすること）の学術的意義を考えてみます。

　研究の目的と学術的意義は，一定の先行研究レビューを行ってみないと明確にはわからないと思います。つまり，論文を書いていく順番として，論文の冒頭に，研究の目的と学術的意義を明確に表現すると説明しましたが，実際に論文を作成するプロセスにおいては，先行研究レビューをしてその内容を確認してから，研究の目的と学術的意義を書いていく順番となります（2章7節で説明したとおり，研究テーマを再設定することも珍しくありません）。

　なお，論文作成に関わる文献情報を手に入れるためには，大学図書館の文献情報検索システムを使い，OPAC（オパック）やCiNii（サイニー）で点検することが基本です。検索時に，大きな概念や広い領域に関わるキーワードを付けると，検索対象が拡大・拡散します。一方，過度に限定したキーワードを付けると，検索しても何も出てこなくなります。

（2）先行研究レビュー

　研究テーマに関わる理論や概念，分析枠組や研究方法について，先行研究レビューを行い，既存文献を丹念に読み込み，「既知の

認識」を知ります。先行研究レビューから，既存研究の内容，つまり説明要因，使用する変数・指標，使用するデータや資料を具体的に知ります。研究方法として，統計分析，事例研究，現地調査，面談などの具体例を把握します。研究対象が同じでも，研究方法が異なれば，研究内容も異なってくるかもしれません。

　先行研究レビューのプロセスでは，研究テーマに関わる論点を整理・検討しつつ，自分の見解を明確化していきます。意見（または，あるべき姿や条件）を述べるためには，評価基準を持つ（示す）ことが必要です。また，自分の見解の妥当性を検証・証明するには，いかなるデータや資料が必要となるかを考えなければなりません。

（3）研究目的の提示と研究の進め方の確認

　自分の研究の目的は何か。それを明らかにすることの学術的意義は何か。自分が何を問題とし，何を論じるか。何を対象として，何を明らかにしたいか，また，何を明らかにできれば，自分の研究目的を達成できるだろうか。これらの事柄を検討するプロセスでは，検討すべきと思う点を手元メモとして書き出し，それらを内容別に整理してみます。

　同時に，自分の研究を進める（つまり，論文を書く）上で，なすべきこと（研究に向けた作業）は何か，いかなる方法で研究していくかを考えます。とくに，使用する概念および重要な専門用語の内容を研究の早い段階で明確に定義しなければなりません。定義が不十分なまま，書き進めないことが重要です。

第Ⅱ部　研究内容の論理的説明と論文作成上のルール

（4）研究上の問い・仮説の提示

　本書では，自分の見解や仮説の妥当性を検証する論文の形式（仮説検証型）をやや詳しく説明しましたが，仮説検証型は論文を書くいくつかの方法のなかの1つでしかありません。

　研究上の問い（Research Question）は，先行研究レビューを踏まえて，「○○は，〜〜と言えないのではないか」などと疑問文で示されます。先行研究レビューを通じて，自分が疑問を抱いた内容を，研究上の問いとして集約的に表現します。

　他方，「仮説」は，「○○は，△△である」と肯定文の形で示します。それとともに，自分の見解や仮説の妥当性を検証する方法やそれに必要なデータや資料等が適切なことを示します。そして，提示した仮説が妥当であるかどうか（自分の意見が正しいかどうか）を検証（立証）していきます。

（5）分析枠組と理論的背景

　分析枠組とは，特定の理論を背景に持ち，理論やそれに関わる見解が重視する概念や要因（変数）を相互に関係づけ，そして，説明の論理や具体的な分析指標を示し，比較分析や検討の判断基準の学術的根拠を提供する一連の考え方（まとまった形での物の捉え方）です。しばしば，理論はそのままでは実証分析になじまない部分もあるので，理論の抽象的な概念を，具体的な説明要因や分析指標に置き換え，分析の方法的基盤を形成する役割を果たすのが，分析枠組です。

190

第11章 研究に近道なし

（6）研究成果・分析結果を示す

「研究や分析を通じて明らかになった」ことを論述するのが論文です。論文では，「いかなる研究をして何がわかったか」を明快に説明します。そのとき，研究する前から持っていた自分の意見（持論）をそのまま表現するのではないことに注意すべきです。

理論的・概念的な検討を踏まえて，エビデンスに基づき，自分の見解を示すことが望まれます。研究テーマの解明に徹底して取り組むこと，とくに「考え抜く」ことが大事です。1つのことを粘り強く考えていると，小さくても独自の意見が生まれてくることでしょう。こうした意味で，論文作成には，根気と「解明の執念」が必要となります。

2　論理展開——論文の道筋を作る

当初，学生の皆さんの頭のなかは何ページを埋めたか，つまり，量の拡大に関心が向くかもしれません。だが，論文文字数には表や図のスペースも含まれているので，本文を少し書いてみると，ページ数に関する心配はすぐに無意味と判明するはずです。むしろ，論文では，自分の意見や伝えたいことを，専門用語を用いて，理由をつけて説明することが基本だと理解しましょう。

それと同時に，自分が選んだ研究テーマやその論点を明確化し，1つのことを，さまざまな角度から検討し，順序立てて説明することが大事です。結論を出すことを急がないことも大切です。また，論文作成計画の進捗状況を知るとき，または，全体構想の変更や話の展開（流れ）の軌道修正を考えるときには，目次を見な

191

第Ⅱ部 研究内容の論理的説明と論文作成上のルール

がら検討することが望まれます。論文完成まで，論文構成および目次の変更は続くと覚悟しなければなりません。

3 表現力とまとめ能力

論文とは，「書いて意図を伝える」ことが基本ですから，文章や図・表の表現力を向上させることに注力しましょう。興味ある点を含んでいても無秩序に書いた文章のままでは，読み手は理解しにくいです。要点を整理し，わかりやすく説明すること，そのためにも，説明能力を高めていくことが望まれます。

考えて伝える（表現する）のが論文の基本ですが，他者が書いた内容を理解できる（わかる）というのは学習の段階です。自分が研究したことを的確に示すには，他者が理解できるように適切に表現しなければなりません。自分が書いた文章（論文草稿）を自ら修正できることは，文章表現を修正する自分の能力の向上に対応した変化だと捉えてください。

文章表現は，読み返す回数で質的に向上していきます。書いてみた文章の内容を何度も読み返し，書き直すことが望まれます。結論やメッセージを明確にするためにも，論理的な説明を通じて説得力を高めることが求められます。「なぜ，そう言えるか？」「本当に，そう言えるか？」という基本的視点に立つことが大事です。文章の論理的な説明とともに，文章を短めにすると，文意が明確になるし，理解もしやすくなると思います。同時に，表示・図示（含・概念図）を活用して，伝えたいことをわかりやすく表現します。

192

第**11**章 研究に近道なし

■□コラム　18□■

予想される結論を時折，考えてみる

　アイデアを文字にしたが，何かすっきりしない。自分の考えを明確に表現できた気持ちにならない。（論文作成）作業は完了していないと自覚しているが，どこをいかに修正すべきか，わからなくなることがあります。そうしたとき，まずは，①対象となる部分の要約を作成してみることも1つの対応策です。または，②その部分の文意・見解を簡潔に（できれば一言で）表現してみましょう。その内容と「自分が論じたいこと」を比較してみて，その時点で，何が言えているかを確かめてみます。そして，欠落した事柄を見つけ，書き加えていきましょう。

■□コラム　19□■

人の意見を聞く，人の助言に感謝する

　①自分の見解がすべて正しいものと過度に思い込まないことが大事です。さまざまな見解や基準があると認める必要があるでしょう。自分が知らないこと，気付かないことがあるのです。②先行研究を読み，「既知の認識」を知り，自分の論理を形成し，それを補強・強化していきます。その間にも，視野・視点を広げましょう。好奇心，向上心，寛容心（または忍耐，粘り強さ）を持つことが大切です。

193

第Ⅱ部　研究内容の論理的説明と論文作成上のルール

4　集中力と持続力を高める

　論文作成時では，「読む，書く，考える，修正する」の作業時間の使い分けが重要です。論文作成に向け，頭のスイッチと気合を入れます。集中力を高め，論文に取り組む思考状態にします。一日の中で，スイッチが入った状態を何時間，何回，作ることができるか。スイッチが入った状態を持続させることが大事です。先行研究を読むとき，および自分が書いた文章全体を読み返し修正していくときには，とくに忍耐が必要となります。

　研究（方法）に近道はありません。自分にあう進め方を見つけるしかないでしょう。

　とにかく，意欲的に取り組み，書き進めてみることです。終わってみると，「案ずるより生むが易し」。やってみるしかない，のですが。

第**11**章　研究に近道なし

推薦図書

　いっそう高い研究水準での論文作成を目指す人には，本書より水準が高い概説書として，以下があります。

岩崎美紀子『「知」の方法論──論文トレーニング』岩波書店，2008 年。

　……理系学生を想定した印象が少しあります。

伊丹敬之『創造的論文の書き方』有斐閣，2001 年。

　……対話形式の本だから，読むには根気が必要。

藤本隆宏・高橋伸夫・新宅純二郎・阿部誠・粕谷誠『リサーチ・マインド経営学研究法』有斐閣，アルマ，2005 年。

　……研究者指向の読者を想定しており高度で難しい。

花井等，若松篤『論文の書き方マニュアル──ステップ式リサーチ戦略のすすめ』有斐閣，アルマ，2014 年。

　……政治学系の解説が特徴。

田尾雅夫・若林直樹編『組織調査ガイドブック──調査党宣言』有斐閣，2001 年。

　……調査に関する説明の本。学生には詳細すぎるかも。

ロバート K. イン（近藤公彦訳）『新装版　ケース・スタディの方法（第 2 版）』千倉書房，2011 年。

　……事例研究に関する形式的な説明の本。

おわりに

　本書を書いて改めて思うことは，「はじめに」でも触れたように，授業で口頭説明してきた事柄を，微妙なニュアンスも含めて文字に表現することの難しさでした。現在の教育は原則として，現場のリアルなコミュニケーションが基本と思っていたので，双方向のやり取りがなく，文字だけをたよりとする著書において，「対話型の説明」の要素をいかに表現するかに苦労しました。

　私は本書を書きながら，大学における論文の書き方を説明するということは，自分の見解を文章に書き記す方法の修得にとどまらず，人に何かを伝えるという行為やプロセスに共通する重要な事柄を理解することだ，という気持ちを改めて強くしました。

　本書の草稿（第2次草稿）ができた段階で，以前の職場で社会人大学院の共同演習をご一緒して，論文の書き方に一家言をお持ちとわかっていた小沢貴史先生（大阪市立大学）に，1つの事柄の記述内容が妥当かどうかを尋ねたところ，草稿の全体に目を通してくださり，貴重なご指摘を多数いただきました。それらのご指摘はすべて私があいまいなままに放置していた内容や表現に関わるものでした。本を書く際に，草稿段階でご意見やご指摘をいただけることほど貴重でうれしいことはありません。実は，小沢先生に対しては第3次草稿も一方的に送りつけ，再度，貴重なご指摘やご意見をいただきました。貴重な時間を二度も頂戴した上

に，的確なご指摘を多数いただいた小沢先生には，本当に心から感謝申し上げます。もちろん，それでも残っている内容の不備やわかりにくさなどは，すべて筆者個人の責任であることは言うまでもありません。

　最後に，本書を刊行する意義を理解して出版に向けた努力をし，第1次草稿段階から，適切な助言を下さった元・ミネルヴァ書房の東寿浩さんにも感謝申し上げます。

明石芳彦

索　引

あ　行

明らかにした（できた）こと　158, 165
明らかになったこと　131, 191
アンケート調査研究　113
１次資料　65
因果関係　87, 92, 152, 155
因子分析　98
インタビュー調査　117
引用　136, 137
引用文献　142
エビデンス　29, 49, 62-64, 67
OPAC（オパック）　14

か　行

回帰分析　92, 93
学習　4, 28, 68, 163
学術的意義→研究の学術的意義
仮説　50, 190
仮説検証型研究　48, 52
仮説検証型論文　50, 58, 90
仮説構築型研究　54, 117
仮説構築型論文　58
仮説の提示　49, 50, 190
キーワード（専門用語）　14, 57, 105
聞き取り調査　116, 118
記述統計分析　73, 81
既知の認識　4, 12, 21, 37, 40, 56
基本文献　23
脚注　138
クロス・セクション分析　76, 80
クロス集計分析　82, 116
決定係数　96
結論　30, 130, 178
研究　3, 25, 28, 164, 173

——の学術的意義　10, 132, 188
——の新規性　132, 173
——の独自性　132, 160, 173
——の目的達成度　131, 168, 175
——成果　165, 167, 191
——テーマ　5, 124, 159
——内容の説得力　172, 175, 177
——方法　10, 33, 133, 168, 189
——目的　9, 127, 158, 168, 187, 189
研究上の問い→リサーチ・クエスチョン
検証方法　51, 62, 79, 127, 128
現地訪問調査　111
現場　64, 68, 103, 111, 112
——の情報　36, 102
構造要因　155, 156
公表資料　66
今後の課題　131, 133

さ　行

CiNii（サイニー）　14, 15
差の検定　90, 97
参考文献　125, 142
サンプル　73, 74, 81
——バイアス　108, 109
——分割　81, 82, 84, 90
時系列分析　76, 80, 99
自己相関性　99
事実発見型研究　54
実証研究　34, 37
実証分析　34, 71
実態把握重視型研究　35, 53
実態把握に力点を置く研究　100
質的分析　103
重回帰分析　92, 93, 95

199